Fernando Lalana Lac
Laurence Roschbach

Gesprächswortschatz Französisch

Exposer, commenter et discuter en français

Max Hueber Verlag

4. 3. 2.   Die letzten Ziffern
2003 02 01 00 1999   bezeichnen Zahl und Jahr des Druckes.
Alle Drucke dieser Auflage können, da unverändert,
nebeneinander benutzt werden.
1. Auflage
© 1997 Max Hueber Verlag, D-85737 Ismaning
Umschlaggestaltung: Braun & Voigt, Heidelberg
Gesamtherstellung: Friedrich Pustet, Regensburg
Printed in Germany
ISBN 3–19–006361–3

Vorwort

Der vorliegende Versuch einer systematischen Phraseologie geht davon aus, dass jede mündliche und schriftliche Kommunikation, die über alltägliche Abläufe hinausreicht, die Kenntnis bestimmter Formulierungen des Darstellens, Kommentierens, Argumentierens und Diskutierens voraussetzt. Der Gesprächswortschatz Französisch soll den Französischlernenden Hilfen anbieten, sich in realen Situationen, z. B. bei der Vorbereitung eines Gesprächs, eines Referates, einer Tagung, einer Konferenz, eines Telefonates und bei der Abfassung von Briefen, Berichten, Protokollen und anderen schriftlichen Dokumenten, aber auch bei Gesprächen und Diskussionen in der Klasse, in Seminaren und im beruflichen Leben, sprachlich zu behaupten.

Die Arbeit ist in drei Abschnitte gegliedert, die nach unserer Meinung die drei wichtigsten Aspekte der aktiven Teilnahme am Kommunikationsprozess bilden: Darstellung, Auslegung und Auseinandersetzung. Sie enthält außerdem einen Anhang, der den spezifischen Formulierungen der organisatorischen und inhaltlichen Abläufe von Tagungen und Konferenzen gewidmet ist.

Die leicht erkennbare Kombinatorik, welche dem Gesprächswortschatz Französisch zu Grunde liegt, kann anhand eines konkreten Beispieles dargestellt werden:

nous devons | nous convaincre
          | nous persuader

  | de la nécessité | de prendre des mesures
  | qu'il est nécessaire |

    | urgentes | pour
    | efficaces | afin de
    | indispensables |

      | changer | la situation
      | améliorer |

Nous devons nous convaincre de la nécessité de prendre des mesures urgentes pour changer la situation.
Nous devons nous persuader qu'il est nécessaire de prendre des mesures efficaces afin d'améliorer la situation.
Nous devons nous convaincre qu'il est nécessaire de prendre des mesures indispensables afin de changer la situation.
Nous devons nous persuader de la nécessité de prendre des mesures urgentes pour améliorer la situation.

Um die Kombinationsmöglichkeiten nicht einzuschränken, werden die Apostrophierungen und Kontraktionen nicht immer berücksichtigt:

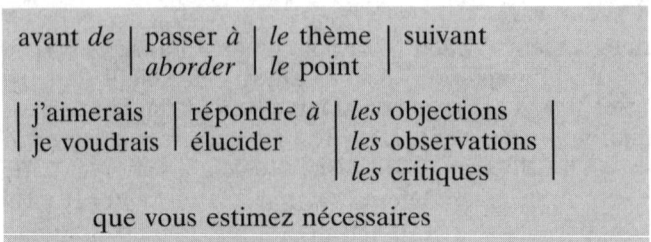

avant *de* | passer *à* | *le* thème | suivant
        | *aborder* | *le* point |

j'aimerais | répondre *à* | *les* objections |
je voudrais | élucider | *les* observations |
                 | | *les* critiques |

que vous estimez nécessaires

Die Adjektive werden in der Regel in der Grundform übersetzt. Um ein genaueres Verständnis des Erklärten zu erzielen, werden bei den Verständigungshilfen nicht nur die deutschen Entsprechungen einzelner Wörter, sondern gelegentlich auch Sinnabschnitte übersetzt.

Auf die Kennzeichnung der Stilebene haben wir aus zwei Gründen verzichtet:
– Im Bereich der Lexis werden sowohl stark umgangssprachliche als auch sehr gehobene Wendungen vermieden.
– Bei der Erarbeitung der deutschen Entsprechungen wurde darauf geachtet, nach Möglichkeit das Sprachniveau wiederzugeben.

Der Zugang zur Phraseologie wird vom Deutschen her durch ein ausführliches Stichwortregister ermöglicht.

Möge diese bescheidene Arbeit die Sprachkompetenz der Französischlernenden erweitern, aber vor allem einen Beitrag zur Verwirklichung einer realen Völkerverständigung leisten.

Sévigny und Rheine, Februar 1997
Laurence Roschbach
und Fernando Lalana

Table des matières

III.   Prise de position personnelle

IV.   Appendice

Vocabulaire spécifique aux réunions et conférences

I. Présenter et décrire

1. Informer et s'informer

1.1. Exposer

darstellen / vortragen

montrer \<qc à qn\>	zeigen
présenter \<qc à qn\>	vorstellen
communiquer \<qc à qn\>	mitteilen
faire connaître \<qc à qn\>	bekannt machen / geben
expliquer \<qc à qn\>	erklären / erläutern

montrer explciquer présenter soumettre	clairement en détail explicitement brièvement sommairement	deutlich in allen Einzelheiten ausführlich kurz ◇ vorlegen knapp

	un fait une question un problème une théorie un projet la situation	d'une personne d'un groupe d'une entreprise d'une région	Tatbestand Frage Problem Theorie Projekt Lage / Situation Gruppe Unternehmen Gebiet

faire une présentation donner une explication	claire détaillée brève sommaire intéressante	Darstellung ◇ deutlich Erklärung ◇ detailliert kurz knapp anregend / interessant

des avantages des inconvénients du pour et du contre des aspects | positifs | négatifs des résultats | obtenus | atteints	d'une décision d'une mesure d'une méthode d'un procédé	Vorteile ◇ Entscheidung Nachteile ◇ Maßnahme Für und Wider ◇ Methode Aspekte ◇ Verfahren Ergebnisse ◇ erreicht erzielt

je voudrais	exposer	mes *idées*	Vorstellungen / Gedanken
j'aimerais	*exprimer*	mon *avis*	zum Ausdruck bringen ◇ An-
je désirerais	expliquer	ma *pensée*	sicht ◇ Meinung
je me permets de*		ce que je pense (de)	es sei mir erlaubt
permettez-moi de*		mon opinion	erlauben Sie mir
	donner mon opinion		äußern
	émettre un *jugement*		zum Ausdruck bringen
			Urteil
sur	le problème qui nous *préoccupe*		beschäftigt
au sujet de*	la *décision* qui a été *prise*		Entscheidung ◇ getroffen
	la théorie qui a été *exposée*		dargestellt
	le projet qu'on nous a *présenté*		vorgestellt

1.2. Informer

informieren

annoncer \<qc à qn\> — mitteilen
notifier \<qc à qn\> — bekannt geben / benachrich-
renseigner \<qn sur qc\> — tigen ◇ informieren
aviser \<qn de qc\> — benachrichtigen
instruire \<qn de qc\> — benachrichtigen
apprendre \<qc à qn\> — beibringen
faire part \<à qn de qc\> — berichten
rendre compte \<à qn de qc\> — Nachricht geben

demander	des *indications*	sur	erbitten ◇ Hinweise
donner	des informations	à propos de	erteilen / geben
recevoir	des *renseignements*	*au sujet de*	erhalten ◇ Auskünfte ◇ über
apporter	des *nouvelles*	*touchant*	abgeben ◇ Nachrichten ◇ be-
		concernant	züglich ◇ hinsichtlich

| être | *au courant* | de qc | auf dem Laufenden |
| | *informé* | | informiert / unterrichtet |

---

* Das Problem wird in der Einleitung zur Sprache gebracht.

vouloir désirer	informer *mettre au courant* *faire voir* *montrer*	de*	unterrichten vor Augen führen zeigen
	les *difficultés* les *obstacles*	que *rencontre* que doit *surmonter*	Schwierigkeiten ◇ stößt Hindernisse ◇ überwinden
		une personne une *région* un *groupe* une *entreprise*	Gebiet Gruppe Unternehmen

le *but*	*recherché* que nous nous sommes *fixé*	est de vous	Ziel ◇ beabsichtigt vorgenommen
informer	*objectivement* avec	la plus grande *objectivité* le plus d'objectivité possible	sachlich / objektiv Sachlichkeit / Objektivität
sur	un nouveau *produit* une nouvelle *technologie* une nouvelle *méthode*		Produkt Technologie Methode

mon seul	*désir* *objectif* *but* *souhait* *dessein* *souci*	est que vous	Wunsch Anliegen Streben Wunsch Absicht Sorge
ma seule *intention*			Absicht
découvriez *ne perdiez pas de vue* *restiez ouvert* à		la *réalité* de nouvelles *perspectives* de nouveaux *horizons* de nouvelles idées de nouvelles *possibilités*	erkennen ◇ Wirklichkeit nicht übersehen ◇ Perspek- tiven ◇ offen bleiben ◇ Hori- zonte Möglichkeiten

---

* Das Problem wird in der Einleitung zur Sprache gebracht.

1.3. Récit (m.)

Bericht

rapport (m.)   Bericht
information (f.)   Information
exposé (m.)   Darstellung
renseignement (m.)   Auskunft
compte rendu (m.)   Tatsachenbericht

un compte rendu	*exact*	genau
une information	*objective*	sachlich
un rapport	*détaillé*	ausführlich
	sommaire	knapp

raconter	les faits	beschreiben
rapporter		berichten
relater		berichten

nous vous *prions* de	nous informer de	wir bitten
nous vous demandons de	*nous faire savoir*	uns in Kenntnis setzen
	rendre public	bekannt geben
	nous *communiquer*	mitteilen
	nous *rendre compte* de	berichten

ce qui s'est dit	dans	une *assemblée*	Versammlung
ce qui s'est *décidé*	lors d'	un *congrès*	entschieden ◇ Kongress
		une *réunion*	Versammlung
		une *conférence*	Konferenz
		une *conversation*	Gespräch
		un *colloque*	Unterredung
		une *discussion*	Besprechung
		un *séminaire*	Seminar
		une *séance de travail*	Arbeitssitzung

nous serions	*extrêmement*	*intéressés* que vous nous	äußerst ◇ interessiert
	très		
		informiez	informieren
		communiquiez	mitteilen

1.4. Nouvelle (f.)

Nachricht

événement (m.)
information (f.)

Ereignis
Nachricht

donner	une bonne	nouvelle	
communiquer	une mauvaise		mitteilen
annoncer			ankündigen
apprendre			übermitteln
proclamer			bekannt machen

nous avons *reçu* une nouvelle	*importante*	bekommen ◇ wichtig
	excellente	sehr freudig
	extraordinaire	außergewöhnlich
	inquiétante	beunruhigend
	inattendue	unerwartet
	alarmante	alarmierend
	tragique	tragisch
	grave	schlimm

la nouvelle a été	*divulguée*	par	verbreitet
	diffusée		bekannt gegeben
	propagée		verbreitet
		tous les *médias*	Medien
		la *presse*	Presse
		la *radio*	Rundfunk
		la *télévision*	Fernsehen

commenter en détail	une nouvelle	kommentieren ◇ detail-
	un événement	liert
	une information	

je sais de source sûre que ... (+ indic.)	ich weiß aus gut unterrichteter Quelle

le bruit court	que ... (+ indic.)	es geht das Gerücht um
j'ai entendu dire		ich habe gehört
il paraît		es scheint
il est de notoriété publique		es ist allgemein bekannt
selon certaines rumeurs ...		man munkelt, dass

j'ai le plaisir de vous faire part de (+ subst.)	Ich freue mich ... Ihnen mitzuteilen
j'ai la joie de vous annoncer que ... (+ indic.)	Ich freue mich ... Ihnen bekannt zu geben

il m'est penible de	vous *faire savoir*	es ist mir sehr schmerzlich
je regrette beaucoup de	vous *notifier*	mitteilen ◇ ich bedauere
je suis dans l'obligation de	vous informer	unterrichten ◇ ich muss
	que ... (+ indic.)	

1.5. Fait (m.)   Tatsache

événement (m.)   Ereignis
incident (m.)   Vorfall
situation (f.)   Lage

je désire	vous *informer* de	un changement	informieren
j'aimerais	vous *mettre au courant* de		unterrichten
je dois	vous *faire part* de		mitteilen
	vous *annoncer*		melden
	vous *communiquer*		mitteilen

un fait	*évident*	klar / offenkundig
	important	wichtig

donner un renseignement	*précis*	sur un événement	genau
	exact		exakt

une situation	*déplorable*		bedauerlich
un résultat	*lamentable*		kläglich

un événement	*aux conséquences*	*tragiques*	mit tragischen Folgen
		graves	schlimm
	de grande portée		von sehr großer Tragweite

donner	une *grande importance*		à un	große Bedeutung
attribuer	une importance	énorme	événement	zuschreiben
accorder		exagérée		beimessen

il faut	*souligner*	l'importance	unterstreichen
nous devons	*mettre l'accent sur*	la *portée*	betonen ◇ Tragweite
	insister sur		Nachdruck legen auf
		d'un événement	
		d'une *décision*	Entscheidung
		de la décision que l'on va *prendre*	treffen

affronter	la réalité	sich stellen
s'exposer à	un problème	sich aussetzen
faire face à	une situation	meistern

1.6. Détail (m.)   Einzelheit

particularité (f.)   Besonderheit
caractéristique (f.)   Merkmal
spécificité (f.)   besondere Eigenschaft

raconter un *événement* en détail			Ereignis
faire	un *rapport*	détaillé de qc	Bericht
	un *exposé*		Darstellung

les détails que	je vais	*exposer*		vortragen
	je veux	*préciser*		genauer angeben
| *contribuent à*	*éclaircir*	le problème		tragen dazu bei ◇ klären
| *permettent de*	*clarifier*	la situation		helfen ◇ klären

| je ne veux pas | *entrer dans les détails* | ausführlich berichten |
| | *raconter en détail* | ausführlich erzählen |

| connaître | *les tenants et les aboutissants* d'une affaire | die näheren Umstände |
| | les *dessous* | Hintergründe |

1.7. Demander
fragen

questionner <qn sur qc> — ausfragen
interroger <qn sur qc> — befragen
consulter <qn> — befragen / um Rat fragen
s'informer <de/sur qc> — sich erkundigen

poser	une question	*pertinente*	à qn	stellen ◇ treffend
formuler		*difficile*		schwierig
		indiscrète		indiskret
		délicate		heikel
		embarrassante		peinlich / unangenehm

je me demande		si	... (+ indic.)	
je voudrais	savoir	comment		ich möchte
il faudrait	découvrir	combien		erst müsste man ◇ herausfinden
il reste à		pourquoi		es bleibt
		quand		
		où		
		jusqu'où		inwiefern / inwieweit
		qui		

permettez-moi de	vous poser	erlauben Sie mir
est-ce que je peux	formuler	
je me permets de		ich erlaube mir
	une question	
	la question suivante: …	

préciser	une question très important/e	genauer formulieren
éclaircir	un point	klarstellen

répondre à	une question	
donner une *réponse* à		Antwort geben

laisser une question	*sans réponse*	ohne Antwort
	en suspens	offen

ne pas tenir compte de	une question	nicht berücksichtigen
faire la sourde oreille à		sich taub stellen
ignorer		nicht beachten

ma question	est *restée* sans réponse	geblieben
	est *restée ignorée*	übergangen
	est passée *inaperçue*	unbemerkt
	attend toujours une réponse	wartet noch auf
	est *passée sous silence*	übergangen

s'il vous reste une question vous pouvez		
	la *poser*	stellen
	la formuler	

si vous avez	*le moindre doute*	der geringste Zweifel
s'il vous reste	*la moindre hésitation*	
	vous pouvez *demander*	eine Frage stellen

1.8. Répondre

antworten

répliquer <à qn> — erwidern
riposter <à qn> — entgegenwirken

répondre à	une question	
donner une réponse à	une *demande*	Anfrage
	un *souhait*	Bitte
	une *objection*	Einwand
	ce qui a été demandé	
	une *requête*	Antrag
répliquer à	une critique	
riposter à	une objection	

demander	une réponse	*immédiate*	unverzüglich
solliciter		définitive	bitten um
réclamer		*claire*	fordern ◇ eindeutig
désirer		*franche*	offen
exiger		*sincère*	verlangen ◇ aufrichtig
attendre			
compter sur			sich verlassen auf

recevoir	une réponse	positive	bekommen
obtenir		négative	erhalten
avoir		*favorable*	günstig / vorteilhaft
		défavorable	ungünstig / nachteilig
		satisfaisante	befriedigend
		acceptable	annehmbar

donner une réponse	positive	
	négative	
	adéquate	angemessen
	appropriée	angebracht
	énergique	entschieden / energisch
	catégorique	bestimmt / kategorisch
	concise	knapp
	définitive	unabänderlich
	équivoque	zweideutig
	non équivoque	unzweideutig

	ironique		spöttisch / ironisch
	évasive		ausweichend
	ambiguë		zweideutig
	à double sens		doppeldeutig
	qui *n'a rien à voir*		nichts zu tun haben
	avec la question		

répondre	*que oui*	bejahen
	que non	verneinen
	positivement	positiv
	négativement	negativ
	concrètement	konkret
	en détail	ausführlich / detailliert
	brièvement	kurz
	en peu de mots	in wenigen Worten
	de manière confuse	konfus

répliquer	*vivement*	heftig
	avec *vivacité*	Heftigkeit

nous regrettons	beaucoup	que notre	wir bedauern
	vivement		zutiefst
	réponse	ne soit positive	
	décision		Entscheidung

cette demande *est dans l'attente* d'une réponse	wartet noch auf

vous	avez laissé sans réponse	les questions	
	n'avez pas répondu à		
	n'avez pas donné réponse à		
	que l'on vous a *faites*		gestellt
	qui vous ont été *formulées*		vorgetragen

votre réponse	*équivaut*	à un *non*	entspricht ◇ Ablehnung
	revient		bedeutet

1.9. Commenter

kommentieren

expliquer <qc à qn>	erklären
illustrer <qc>	veranschaulichen
interpréter <qc>	deuten

faire un commentaire	*nécessaire*	notwendig
	inutile	unnötig
	opportun	angebracht
	pertinent	geeignet
	inopportun	unangebracht
	apportant des précisions	erläuternd
	apportant des éclaircissements	erklärend

il faut	faire un *bref* commentaire			kurz
il est nécessaire				
je voudrais				
sur	ce qu'a	dit	quelqu'un	
à propos de		*exposé*		über ◇ vorgetragen
		affirmé		behauptet
		déclaré		ausgesagt / erklärt
		proposé		vorgeschlagen
		écrit		

commenter	*longuement*	un fait	ausführlich
	en détail	un événement	detailliert
	brièvement	une information	kurz
	de façon succincte	un incident	kurz und bündig
	succinctement	une décision	

ces *affirmations*	ont *donné lieu* à	des commentaires	Aussagen ◇ verursacht
ces *propositions*	ont *provoqué*		Vorschläge ◇ ausgelöst
ces théories	ont *suscité*		hervorgerufen
		très *critiques*	kritisch
		très *positifs*	positiv

1.10. Expliquer — erklären

éclaircir <qc à qn>		klarstellen
clarifier <qc>		klären
instruire <qn de/sur qc>		unterrichten
démêler <qc>		entwirren
élucider <qc>		veranschaulichen

expliquer	*en détail*	quelque chose	ausführlich
	longuement		eingehend
	partiellement		teilweise

donner une explication	*nécessaire*	notwendig
	préalable	einleitend
	supplémentaire	zusätzlich
	claire	deutlich
	plausible	glaubhaft
	scientifique	wissenschaftlich

tirer au clair	un *malentendu*	(auf)klären ◇ Missverständnis
éclaircir	un problème	
	un *doute*	Zweifel

expliquer	le *sens* de	un mot	Sinn
	la *signification* de	un *terme*	Bedeutung ◇ Ausdruck
	ce que veut dire	une *expression*	Redewendung
	ce que signifie	une *locution*	Ausdruck

ses	longues explications		
	commentaires		Erklärungen
	éclaircissements		Aufschluss
	ne m'ont	*pas du tout*	convaincu	gar nicht ◇ überzeugt
		absolument pas		überhaupt nicht
		aucunement		ganz und gar nicht
	n'ont pas réussi à me convaincre			konnten mich nicht überzeugen

votre *affirmation*		*exige*		Behauptung ◇ erfordert
votre *proposition*		*requiert*		Vorschlag ◇ bedarf
ce que vous avez	*affirmé*			behauptet
	proposé			vorgeschlagen
	dit			
	exposé			vorgetragen / dargelegt
	une explication	plus *concrète*		greifbar / konkret
		plus *détaillée*		ausführlich / detailliert
		plus *précise*		genau / präzis

1.11. Discuter

besprechen

débattre \<qc/de qc\>   erörtern
négocier \<qc\>   verhandeln
épiloguer \<sur qc\>   besprechen / kommentieren
se disputer \<avec qn\>   streiten / sich zanken

discuter	*passionnément*	d'un thème	leidenschaftlich
débattre	*ardemment*	d'une question	hitzig
	avec véhémence	d'un problème	heftig
	avec passion		leidenschaftlich
	en connaissance de cause	d'un *sujet*	mit Sachkenntnis ◇ Thema
	avec sérénité		gelassen
	calmement		in aller Ruhe
	avec calme		

discuter	de *politique*	Politik
parler	des *accords syndicaux*	Gewerkschaftsbeschlüsse
	du *chômage*	Arbeitslosigkeit
	des *problèmes économiques*	wirtschaftliche Probleme

discuter	de l'*efficacité* des *mesures*	Wirksamkeit ◇ Maßnahmen
débattre	de l'*importance* d'un *sujet*	Wichtigkeit ◇ Thema
	des mesures à *prendre*	ergreifen
	de la *discrimination raciale*	Rassendiskriminierung
	de *marginalisation* d'un groupe social	Diskriminierung

discuter	les *conditions*	d'un *contrat*	Bedingungen ◇ Vertrag
	les *clauses*	d'un *accord*	Klauseln ◇ Vereinbarung
		d'une *convention*	Abkommen
		d'un *pacte*	Abmachung

1.12. Proposer

vorschlagen

suggérer \<qc à qn\>	nahe legen
soumettre \<qc à qn\>	unterbreiten
présenter \<qc à qn\>	vorlegen
conseiller \<qc à qn\>	raten

une *proposition*	*sérieuse*	Vorschlag ◇ ernsthaft
une *suggestion*	*réalisable*	Anregung ◇ durchführbar
	irréalisable	nicht realisierbar
	acceptable	annehmbar
	inacceptable	unannehmbar

faire	une proposition	
formuler	une *offre*	Angebot
donner un conseil		einen Ratschlag geben

je propose	la *clôture*	Schluss
je me permets de proposer		ich erlaube mir
je voudrais proposer		

du *débat*	sur ce/cette	*point*	Diskussion ◇ Punkt
des *discussions*		thème	Debatte
		question	Frage
		sujet	Thema
		problème	

pour ma part	j'accepte	*pleinement*	meinerseits ◇ voll und ganz
en ce qui me concerne	j'*approuve*	*sans réserve*	was mich betrifft ◇ billige
quant à moi	j'*appuie*	*totalement*	vorbehaltlos ◇ unterstütze
	je *soutiens*	*entièrement*	uneingeschränkt ◇ befürworte
			völlig
ce que vous	avez proposé		
	venez de proposer		gerade vorgeschlagen haben

j'aimerais	pouvoir	accepter		ich möchte / würde gerne
je voudrais		soutenir		
je désirerais		approuver		

la proposition qui *vient* d'être | *faite* / *formulée* — gerade ◇ gemacht / vorgetragen

---

nous ne pouvons *nous prononcer en faveur de* — uns aussprechen für

ce que vous *venez* | *d'insinuer* — gerade angedeutet haben
| de *suggérer* — angeregt
| de *proposer* — vorgeschlagen
| de *conseiller* — empfohlen
| d'*exposer* — dargestellt

---

s'*opposer* à	*avec fermeté* à	une proposition	sich widersetzen ◇ energisch
contrecarrer	fermement		blockieren
	catégoriquement		entschieden
	énergiquement		energisch
être contre			

---

malgré	les *nombreux*	aspects positifs de	trotz ◇ zahlreich
	de *sérieux*		ernst zu nehmend
	de *multiples*		vielfältig

votre proposition, | il ne nous est pas possible de
| nous ne pouvons
| il nous est impossible de
| *il n'est pas en notre pouvoir* de — es steht nicht in unserer Macht ◇ in der Lage
| nous ne sommes pas *en mesure* de
| | l'*accepter* — zustimmen
| | en *tenir compte* — berücksichtigen

1.13. Comparer — vergleichen

confronter <deux choses> — gegenüberstellen
rapprocher <deux choses> — in Beziehung setzen
opposer <deux choses> — gegenüberstellen
mettre en relation <qc avec qc> — in Beziehung bringen

comparer	deux	*événements*	Ereignisse
confronter	plusieurs	*idées*	Gedanken
mettre en relation		*thèses*	Thesen
		opinions	Meinungen
		points de vue	Gesichtspunkte
		possibilités	Möglichkeiten
		propositions	Vorschläge

| comparer les | *recettes* | avec | les *dépenses* | Einnahmen ◇ Ausgaben |
| | *entrées* | à | les *sorties* | Eingänge ◇ Ausgänge |

| *établir* | une comparaison entre deux choses | aufstellen |
| faire | | |

| comparer une chose | avec | une autre |
| | à | |

il n'est pas possible de	comparer	une chose	es ist nicht möglich
on ne peut		et une	
il est impossible de		autre	es ist unmöglich
il n'y a pas de comparaison possible entre			

| *comparé à* | im Vergleich zu |
| *en comparaison de* | im Vergleich zu |

| *de même que* ... | ebenso wie |
| *de la même façon* ... | genauso wie |

| *moins* ... *moins* | je weniger ... desto weniger |
| *plus* ... *plus* | je mehr ... desto mehr |

| *chaque fois* | plus | immer mehr |
| | moins | immer weniger |

1.14. Mettre en évidence

souligner <qc> — unterstreichen
accentuer <qc> — betonen
appuyer <sur qc> — mit Nachdruck hervorheben
mettre l'accent <sur qc> — betonen
insister <sur qc> — unterstreichen

mettre en relief	un fait		hervorheben
souligner	une *difficulté*		Schwierigkeit
insister sur	un *aspect*	important	betonen ◇ Aspekt / Gesichts-
faire ressortir		essentiel	punkt ◇ hervorheben

faire voir	*clairement* quelque chose	deutlich zeigen
montrer		zeigen
exposer		darlegen

souligner	que ... (+ indic.)	
insister sur le fait		
faire voir	clairement	
montrer		
exposer		
mettre en relief le fait		

mettre en relief	l'*importance*	Wichtigkeit
accentuer	la *portée*	Tragweite
mettre l'accent sur	les *conséquences*	Folgen
	d'un *événement*	Ereignis
	d'un *fait*	Tat
	d'une *décision*	Entscheidung
	d'une *résolution*	Beschluss
	d'une *prise de position*	Stellungnahme

vous avez souligné	*à juste titre*		treffend
	avec raison		mit Recht
	avec bon sens		sehr zu Recht
	avec justesse		sehr treffend
	la *difficulté* du problème		Schwierigkeit
	la *gravité* de la situation		Ernst
	l'*importance* de la décision		Wichtigkeit

vous avez insisté à juste titre
sur la difficulté du problème

1.15. Allusion (f.)

Anspielung / Hinweis

référence (f.) — Hinweis
mention (f.) — Erwähnung
citation (f.) — Zitat

faire	*allusion* à	un *accord*		hinweisen ◇ Vereinbarung
	référence à	l'*opinion* de quelqu'un		Bezug nehmen ◇ Meinung
	mention de	ce qu'a | dit | quelqu'un		zur Sprache bringen
mentionner		| proposé |		erwähnen
citer		une *loi*		wörtlich wiedergeben ◇ Gesetz
se référer à		une *théorie*		sich beziehen ◇ Theorie
		une *coutume*		Gewohnheit
		un *proverbe*		Sprichwort
		un *principe* | *moral*		Prinzip ◇ moralisch
		| *éthique*		ethisch
		| *économique*		wirtschaftlich

faire une allusion	*ironique* | sur ce qui		ironisch
	mordante |		bissig
	caustique |		bissig
	sarcastique |		sarkastisch
	s'est | dit		
	| *affirmé*		behauptet

il faut	*souligner*	unterstreichen
il est *nécessaire* de	*signaler*	notwendig ◇ hinweisen auf
il est *de la plus haute importance* de		äußerst wichtig
il est │ *primordial* de		von größter Bedeutung
│ *essentiel*		unerlässlich
│ *indispensable*		unentbehrlich
│ le *sérieux*	qu'*exige*	Ernsthaftigkeit ◇ erfordert
│ la *discipline*	que *requiert*	Disziplin ◇ verlangt
│ le *sens des responsabilités*		Verantwortungsgefühl
│ cette *mission*		Aufgabe
│ cette *tâche*		Aufgabe / Arbeit
│ ce travail		

1.16. Observation (f.)   Bemerkung

remarque (f.)	Anmerkung
explication (f.)	Erklärung
avertissement (m.)	Hinweis
conseil (m.)	Rat
mise en garde (f.)	Warnung

un avertissement	*opportun*	angebracht
un conseil	*inopportun*	unangebracht
	nécessaire	notwendig
	inutile	unnötig / überflüssig
	pertinent	treffend
	bien fondé	wohlbegründet
	superflu	überflüssig

faire une *observation*	*apportant des précisions*	erläuternde Bemerkung
	préliminaire	Vorbemerkung
	ironique	ironisch
	critique	kritisch
│ sur	quelque chose	
│ à propos de		
│ au sujet de		

il faut	observer	que ... (+ indic.)	bemerken
nous devons	remarquer		bemerken
	constater		feststellen

1.17. Ebauche (f.) — Entwurf

esquisse (f.)	Konzept
croquis (m.)	Skizze / Konzept
dessin (m.)	Zeichnung / Plan
schéma (m.)	Übersicht
brouillon (m.)	vorläufige Aufzeichnung

ébaucher	un plan	umreißen
esquisser	un programme	entwerfen / skizzieren
	un projet	Vorhaben / Projekt
	des idées	
	le thème d'une conférence	Vortrag

je commence	ma conférence	Vortrag
je veux ouvrir	mon intervention	Beitrag
	mon discours	Rede
	mon allocution	Gespräch

en vous faisant	un croquis	du programme	indem ich gebe
en vous présentant	le schéma	du concept	vorstelle
en vous montrant		du plan	zeige
en vous exposant			darstelle

| que je veux | traiter | behandeln |
| que je vais | | |

que je veux	analyser	untersuchen
que je vais	expliquer	erläutern
	commenter	kommentieren

présenter	provisoirement	un projet	vorläufig
expliquer	les grandes lignes de	un programme	grobe Züge
	les lignes générales de	un plan	große Züge

1.18. Digression (f.)

Abschweifung

parenthèse (f.) — Einschiebung
biais (m.) — Abschweifung
détour (m.) — Umweg

faire	de *longues* digressions	lang
	une digression	*nécessaire* — notwendig
		inutile — unnötig

éviter les digressions	trop *longues*	vermeiden ◇ lang
	superflues	überflüssig

permettez moi	une *brève*	parenthèse	kurz
	une *courte*		flüchtig
	une *petite*		klein

1.19. Résumer

zusammenfassen

récapituler — zusammenfassen / wiederholen
compiler — zusammenfassen
synthétiser — (zu einer Synthese) zusammenfassen

abréger — abkürzen
condenser — in knapper Form zusammenfassen

résumer	*en peu de mots*	in wenigen Worten
	brièvement	kurz
	en quelques phrases	in wenigen Sätzen
	de façon succincte	kurz und bündig
	succinctement	in knapper Form
	le *contenu*	Inhalt
	les points	les plus *importants* — bedeutend
		principaux — wichtig
		essentiels — wesentlich

d'une *résolution*	Beschluss
d'un *récit*	Bericht
d'un *rapport*	Bericht
d'un *communiqué*	Mitteilung
d'un *article*	Artikel
d'une lettre	

résumer récapituler	une *proposition* faite par quelqu'un ce qui s'est	dit	Vorschlag
		exposé	vorgetragen
		formulé	dargelegt
		antérieurement	zuvor
		il y a peu de temps	kurz zuvor

faire	un *résumé*	*succinct*	Zusammenfassung ◇ kurz
		sommaire	knapp
	un *bref* résumé		kurz
	une *récapitulation*		Wiederholung
	une *synthèse*		Synthese
	de ce que l'on *vient*	*de dire*	gerade gesagt hat
		d'*exposer*	vorgetragen
		d'*expliquer*	erläutert

synthétiser résumer	les *idées*	*principales*	Leitgedanken
		essentielles	wichtig
		les plus *importantes*	wichtig
		d'un *discours*	Rede
		d'un *récit*	Bericht
		d'une *conférence*	Vortrag
		d'une *déclaration*	Erklärung
		d'un *entretien*	Gespräch

pour résumer
en guise de résumé
en peu de mots
si *vous* me *permettez* de | résumer
                              | récapituler

  | je peux vous dire | que ... (+ indic.)
  | on peut dire
  | on peut affirmer |

zusammenfassend
in wenigen Worten
Sie erlauben

---

résumons
récapitulons
en fin de compte
en somme

alles in allem
kurz

2. Opinion

2.1. Opinion (f.)   Meinung

avis (m.)   Ansicht
jugement (m.)   Meinung / Urteil
impression (f.)   Eindruck / Vorstellung
idée (f.)   Meinung / Vorstellung
pensée (f.)   Meinung
point de vue (m.)   Gesichtspunkt

la façon de	*penser*
la manière de	*voir les choses*

Art und Weise zu denken
Meinung

donner	son opinion	sur
dire	son avis	à propos de
formuler		
exposer		
exprimer		

geben
sagen
ausdrücken / formulieren
vortragen / darlegen
ausdrücken

	une *question*
	un *sujet*
	un *problème*
	une *personne*

Frage
Thema
Problem
Mensch / Person

penser	que ... (+ indic.)
croire	
juger	
estimer	
considérer	

denken
glauben
meinen
meinen
der Meinung sein

je ne pense pas	que ... (+ subj.)
je ne crois pas	

2.2. Avis et opinion

selon	*l'auteur*	nach Meinung des Verfassers
selon l'avis de	les *hommes politiques*	nach Meinung von ◇ Politiker
d'après	les *politiciens*	nach Meinung von ◇ Politiker
selon l'opinion de	les *personnes compétentes*	nach Meinung von ◇ Fachleute
du point de vue de	les *responsables*	vom Standpunkt der ◇ Verant-wortlichen
	les *partisans* de	vom Standpunkt der ◇ An-hänger
	les *adversaires* de	vom Standpunkt der ◇ Gegner
	ce *programme*	Programm
	cette *mesure*	Maßnahme
	cette *méthode*	Methode
	cette *proposition*	Vorschlag
	cette *théorie*	Theorie

d'après/selon vous, *à/selon votre avis,* *selon votre point de vue*	Ihrer Meinung nach

à mon avis, *je suis d'avis* que ... (+ indic.) de + (inf.)	meiner Meinung nach

2.3. Fondement de l'opinion

une opinion	*se base*	sur des *faits réels*	basiert ◇ Tatsachen
	est basée		
	se fonde		stützt sich
	repose		beruht
	s'appuye		stützt sich

alléguer *invoquer* formuler présenter trouver donner	des arguments pour	*prouver* *démontrer* *mettre en évidence*	heranziehen ◇ beweisen sich berufen auf ◇ beweisen deutlich machen
	son opinion ses idées ce qui s'est	*dit* *affirmé* *exposé*	gesagt behauptet vorgetragen

appuyer baser *fonder*	une opinion	sur des *raisons* sur des *preuves* sur des arguments	stützen ◇ Gründe Beweise stützen
		évident(e)s *de poids* *solides* *convaincant(e)s* *concluant(e)s* *probants*	einleuchtend gewichtig stichhaltig beweiskräftig / schlüssig überzeugend beweiskräftig

défendre *justifier*	une opinion	verteidigen / vertreten begründen / rechtfertigen

2.4. Demander l'avis   nach der Meinung fragen

j'aimerais il faut il est *important* de *cela vaudrait la peine* de	bien beaucoup	*savoir* *apprendre* *entendre*	ce que
			ich möchte ◇ wissen erfahren hören wichtig es würde sich lohnen
	vous tous les *personnes présentes* l'*assistance* le public	*pensez* de pensent pense	meinen Anwesende Anwesende

ce *programme*		Programm
ce *projet*		Projekt
cette *idée*		Idee
cette *proposition*		Vorschlag
ce *sujet*		Thema
ce *problème*		Problem
cette *question*		Frage

pouvez-vous		nous *donner*	sagen
pourriez-vous		nous *transmettre*	mitteilen
auriez-vous	*l'amabilité de*	nous communiquer	seien Sie bitte so freundlich
	l'obligeance de		
votre *opinion*	personnel/le	à propos de	Meinung
votre *avis*		sur	Ansicht
votre *jugement*			Meinung / Urteil
les *mesures que l'on doit prendre*			zu ergreifende Maßnahmen
ce qui doit être fait			
ce qui a été *proposé*			vorgeschlagen
ce qui a été *suggéré*			angeregt
cette *proposition*			Vorschlag
cette *suggestion*			Anregung

2.5. Donner son opinion personnelle

seine persönliche Meinung äußern

avoir	une opinion	très personnel/le	sur qc	
	un *avis*	très particulier/ère		Ansicht
	un *point de vue*			Meinung

je vais	*exposer*	*brièvement*	mon	vorbringen ◇ kurz
je veux	*formuler*	en peu de mots		vorbringen
je désirerais	*préciser*	*succinctement*		genau angeben ◇ kurz
	interprétation personnelle	sur ce thème		persönliche Auslegung
	point de vue	sur ce problème		Standpunkt
		sur cette *question*		Frage

faire remarquer	que ... (indic.)	hinweisen auf
soutenir		behaupten
constater		feststellen
vérifier		überprüfen
affirmer		behaupten
observer		bemerken
noter		bemerken
confirmer		bestätigen

quelqu'un	*expose*	*clairement*	legt dar ◇ deutlich
	formule	*ouvertement*	bringt zum Ausdruck ◇ offen
	manifeste	directement	äußert
		sans détour(s)	ohne Umschweife
	explicite	*en donnant des exemples,*	verdeutlicht ◇ anhand von
	explique	*en citant un proverbe,*	Beispielen ◇ mit einem Sprichwort
		son *point de vue*	Gesichtspunkt / Standpunkt
		son opinion personelle	
		ses idées	
		ce qu'il pense	

analyser	un problème	d'un *point de vue*	analysieren ◇ Gesichtspunkt
examiner	une question	d'un *angle*	untersuchen ◇ Aspekt
		sous un *aspect*	
	purement	*psychologique*	rein ◇ psychologisch
	strictement	*sociologique*	ausschließlich ◇ soziologisch
		économique	ökonomisch
		écologique	ökologisch
		anthropologique	anthropologisch
		moral	moralisch

2.6. S'abstenir de donner son opinion

sich der Meinungsäußerung enthalten

quelqu'un	*ne donne pas*	*son opinion*	äußert sich nicht
	s'abstient de donner		sagt nichts
	se tait		schweigt

la *méconnaissance*	du *sujet*		rend	Unkenntnis ◇ Thema
la *complexité*	de la *matière*			Vielschichtigkeit ◇ Materie
la *nouveauté*				Neuheit
le *manque*	de *connaissances*	en la matière		Mangel ◇ Kenntnisse
	d'*expérience*	sur le *sujet*		Erfahrung ◇ Gebiet
très	difficile la	de *se faire*		sich bilden
extrêmement	possibilité	de *se forger*		äußerst ◇ sich bilden
		d'*émettre*		von sich geben
une idée	*claire*	sur une question		deutlich
un avis	*exact*	sur une personne		richtig
une opinion	*juste*			passend

il ne m'est pas possible de			
je ne peux pas encore			
je ne suis toujours pas	*en mesure de*		in der Lage
	assez préparé pour		
	suffisamment informé pour		ausreichend
vous donner	mon *opinion/avis*	sur ce sujet	Meinung
émettre	un avis	sur ce problème	von sich geben
	une opinion	sur cette question	

2.7. Convergence (f.) d'opinions   Übereinstimmung

nos opinions	*concordent*	exactement		stimmen überein
nos *avis*		*totalement*		Ansichten ◇ völlig
nos *conceptions*		*pleinement*		Auffassungen ◇ völlig
nos *convictions*		sur *l'essentiel*		Überzeugungen ◇ im Wesent-
nos *points de vue*		en partie		lichen ◇ Ansicht ◇ zum Teil
	sur quelques	*points*	*essentiels*	in einigen ◇ Punkte ◇ wesent-
	sur peu de	*aspects*	importants	lich ◇ in wenigen ◇ Aspekte
	sur plusieurs			in etlichen
	sur de nombreux			in zahlreichen
	sur tous les			in allen

partager	sans aucune *difficulté*		teilen ◇ Schwierigkeit
se ranger (à)	*sincèrement*		sich anschließen ◇ aufrichtig
souscrire (à)	*pleinement*		unterstützen ◇ ganz und gar
	totalement		
	sans réserve		bedenkenlos / vorbehaltlos
l'*opinion*	que quelqu'un a	*exposée*	Meinung ◇ vorgetragen
l'*avis*	qui vient / viennent	*formulé*	Auffassung ◇ dargelegt
la thèse	d'être		
les idées		*exposées*	

il y a unanimité sur	cette *question*	Frage
	ce *point*	Punkt

cette question	*fait l'unanimité*	erzielt Einstimmigkeit
ce point		
cette personne		

l'*accord* sur	cette question	Einverständnis
l'*adhésion* à	ce point	Zustimmung
a été		*total(e)*	unbeschränkt ◇ betrachtet
peut *être considéré(e)* comme		*sans réserve*	werden ◇ ohne Vorbehalt
sera			
répond à nos *attentes*			entspricht ◇ Erwartungen

2.8. Divergence (f.) d'opinions — Meinungsverschiedenheit

sur	cette *question*	Frage
pour tout ce qui touche à	ce point	was ... anbelangt
	ce problème	
	ce *sujet*	Thema
les avis sont	*divers*	verschieden
	partagés	geteilt
	multiples	vielschichtig
il y a des *divergences d'opinion*		Meinungsverschiedenheiten

je sais	bien	que		ich weiß sehr wohl
	parfaitement			ich kann mir vorstellen
je n'ignore pas				
j'imagine				

très peu d'entre vous	*partageront*		sehr wenige unter Ihnen
beaucoup d'entre vous	pourront partager		teilen werden
quelques-uns parmi vous	penseront comme moi		einige von Ihnen
	mon opinion		
	mon avis		

2.9. Changement (m.) d'opinion

Meinungsänderung

changer de	opinion	ändern
modifier son/sa	avis	ändern
rectifier son/sa	manière de penser	berichtigen
transformer son/sa	point de vue	ändern

les arguments	que vous	avez exposés	
les explications		avez données	
les *raisons*		avez *mentionnées*	Gründe ◇ erwähnt

m'ont *amené* à	*modifier*	totalement	gebracht ◇ ändern
ont *contribué* à	*me faire revoir*	complètement	beigetragen ◇ revidieren
	me faire réviser	*radicalement*	gänzlich ◇ revidieren

| mon opinion | sur | le problème |
| mon avis | | la question |

des *demandeurs d'asile*	Asylanten
des *drogués*	Drogenabhängige
des *minorités*	Minderheiten

Présenter et décrire   **41**

3. Intention

3.1. Intention (f.)   Absicht

objectif (m.)	Ziel
but (m.)	Vorhaben / Absicht
désir (m.)	Wunsch / Anliegen
idée (f.)	Idee / Leitgedanke
plan (m.)	Plan / Anliegen
projet (m.)	Vorhaben / Projekt
dessein (m.)	Absicht
fin (f.)	Ziel
propos (m.)	Vorhaben

avoir	d'*honnêtes*	intentions	redlich
	de *bonnes*		gutgemeint
	de *mauvaises*		böse

avoir des intentions	*louables* — löblich
	malveillantes — böswillig
	douteuses — zweifelhaft
	délibérées — vorsätzlich
	secrètes — geheim

avoir	*l'intention* de	faire	quelque chose — beabsichtigen
	pour but de	*obtenir*	erreichen
	pour projet de		

connaître	*exactement*	le but	de qn	kennen ◇ sehr genau
comprendre		les intentions		verstehen
saisir	parfaitement	les objectifs		begreifen

		nicht kennen ◇ völlig
méconnaître	*totalement*	
ignorer	*complètement*	ignorieren ◇ ganz
ne pas être sûr de		
ne pas connaître *avec certitude*		mit Sicherheit
	les intentions de	quelqu'un
	les plans de	
	les intentions qui *animent*	bewegen
	les objectifs que s'est *proposés*	vorgenommen

essayer de	(+ infinitif)	versuchen
se risquer à		wagen
chercher à		suchen
tenter de		versuchen
se proposer de		vorhaben
désirer		wünschen
s'efforcer de		sich bemühen
tâcher de		versuchen

quelqu'un a	essayé	*délibérément*	absichtlich
vous avez	tenté	*en connaissance de cause*	in Kenntnis der Sachlage
		sciemment	wissentlich
		volontairement	wissentlich
de nous *induire en erreur*			irreführen
de nous *tromper*			täuschen
de nous *cacher*	la *vérité*		verschleiern ◇ Wahrheit
	une *partie* de la vérité		Teil

avoir pour but de	(+ infinitif)	als Ziel haben
avec l'intention de		in der Absicht
avec la ferme intention de		mit der festen Absicht

3.2. Manifester l'intention

die Absicht äußern / bekunden

manifester <qc à qn>	zeigen
exprimer <qc à qn>	zum Ausdruck bringen
révéler <qc à qn>	enthüllen
déclarer <qc à qn>	darlegen
annoncer <qc à qn>	ankündigen
avouer <qc à qn>	zugeben
dévoiler <qc à qn>	enthüllen

manifester	*directement*		ohne Umschweife
montrer	*indirectement*		zeigen ◇ indirekt
exprimer	*explicitement*		ausdrücklich
faire comprendre	*implicitement*		stillschweigend
	sans équivoque		unmissverständlich
	de façon	implicite	
		explicite	
		claire et nette	sehr deutlich
ce que l'*on prétend*	*réussir*		erstrebt wird ◇ erfolgreich
			durchführen
	obtenir		durchsetzen
	atteindre		erreichen

j'ai *précisé*	*très concrètement*	erläutert ◇ sehr genau
j'ai *formulé*	*de façon claire et nette*	formuliert ◇ unmissverständlich
	mes *buts*	Vorhaben
	mes *intentions*	Absichten

laisser	*entrevoir*	ses fins	ahnen lassen
	deviner		erraten lassen

3.3. Cacher l'intention

die Absicht verbergen

occulter <qc à qn>   verschleiern
dissimuler <qc>   verheimlichen
cacher <qc>   verbergen
taire <qc à qn>   verschweigen
camoufler <qc>   verschleiern

cacher	*délibérément* ses *véritables*	absichtlich ◇ wahr
dissimuler		
	intentions	Absichten
	objectifs	Ziele

il est *impossible*	de *comprendre*	unmöglich ◇ verstehen
il est *difficile*	de *déchiffrer*	schwierig ◇ herausfinden
	de savoir	
	ce à quoi vous *prétendez*	streben

ses intentions ne se laissent pas	*deviner*	durchschauen
	découvrir	aufspüren
	facilement	
	aisément	leicht

3.4. Encourager

ermutigen

donner du courage <à qn>   Mut machen
stimuler <qn à faire qc>   ansporn en / antreiben
pousser <qn à faire qc>   anregen
inciter <qn à faire qc>   anregen / verleiten
conforter <qn dans qc>   bestärken
aider <qn à faire qc>   helfen
inviter <qn à faire qc>   auffordern
exhorter <qn à faire qc>   ermuntern

donner du courage à	quelqu'un *pour que* (+ subj.)	damit
encourager		
stimuler		

encourager les femmes à	*exiger*		fordern
	revendiquer		beanspruchen
	réclamer		verlangen
leurs *droits*			Rechte
l'*égalité des droits*			Gleichberechtigung
leur *indépendance*			Unabhängigkeit
leur *liberté*			Freiheit

pousser quelqu'un	qui se trouve dans		
remonter le moral de quelqu'un	qui traverse		wieder Mut machen
	qui est dans		
une situation	critique		
	difficile		
	délicate		heikel
des *moments*	très	*durs*	Zeit ◇ hart
	extrêmement	difficiles	außerordentlich
		pénibles	schwer

causer	dans l'auditoire	un *sentiment*	hervorrufen ◇ Gefühl
provoquer	chez le *lecteur*		hervorrufen ◇ Leser
inspirer	dans l'*assistance*		hervorrufen ◇ Zuhörer
susciter			erwecken
	de *confiance*		Vertrauen
	d'*espoir*		Hoffnung
	d'*optimisme*		Optimismus

mes paroles	*visent* à	vous *ouvrir*	zielen ◇ eröffnen
	ont pour but de	vous faire voir	haben als Ziel
	de *nouvelles perspectives*		neue Perspektiven
	de *nouveaux horizons*		neue Horizonte

3.5. Exhorter

ermutigen

inciter <qn à faire qn>	anregen
pousser <qn à faire qc>	bewegen
engager <qn à faire qc>	auffordern
conseiller <à qn de faire qc>	raten
demander <à qn de faire qc>	bitten
inviter <qn à faire qc>	auffordern

exhorter	*chaleureusement*	qn	à (+ inf.)	herzlich
inviter	*vivement*			eindringlich
prier	*instamment*			inständig
	amicalement			freundschaftlich
	respectueusement			höflich

demander	de + (inf.)	
conseiller	que ... (subj.)	
suggérer		nahelegen

adresser à quelqu'un		une *exhortation*	aussprechen ◇ Aufmunterung
		une *admonestation*	Verwarnung
		une *réprimande*	Abmahnung
		un *avertissement*	Warnung
		une *semonce*	Zurechtweisung
		une *remontrance*	Abmahnung
sévère	pour qu'il	*change de vie*	scharf ◇ sein Leben ändert
nécessaire		*modifie sa conduite*	notwendig ◇ sein Verhalten ändert
amical/e		*réfléchisse sur ses actes*	freundlich ◇ über sein Verhalten nachdenkt

suggérer	à l'assistance	*la nécessité* de	Notwendigkeit
	au lecteur		
	prendre des mesures		Maßnahmen ergreifen
	passer à l'action		handeln
	lutter		kämpfen
	ne pas *se croiser les bras*		untätig zuschauen
	ne pas *se reposer sur ses lauriers*		sich auf seinen Lorbeeren ausruhen

j'aimerais	que vous	*réfléchissiez* à		nachdenken
je désire		*pensiez* à		sich Gedanken machen
	ce problème			
	ma proposition			
	ce que je viens de vous	dire		
		proposer		

le *politicien*	essaie de *calmer*			Politiker ◇ beruhigen
l'*orateur*				Redner
		de *l'assistance*		die Anwesenden
le *mécontentement*	des *manifestants*			Unzufriedenheit ◇ Demonstran-ten

3.6. Convaincre

überzeugen

persuader <qn de qc>
faire entendre raison
mettre en tête

überzeugen / überreden
zur Vernunft bringen
einreden

amener	quelqu'un à	croire	quelque chose	bringen
pousser		faire		bewegen
		vouloir		
		faire		

convaincre	qn	de la *nécessité*	de qc	Notwendigkeit
persuader		des *avantages*		Vorteile
		de l'*urgence*		Dringlichkeit
		du *bien fondé*		Berechtigung
		de l'*absurdité*		Sinnlosigkeit
		de l'*incohérence*		Ungereimtheit

je voudrais	vous *amener* à	dazu bringen
	vous *encourager* à	ermutigen
	vous *inciter* à	anregen
	vous *décider* à	aufmuntern

réfléchir sérieusement sur	le problème		ernsthaft nachdenken
penser à	la *question*		Frage
vous *interroger sur*	le thème		befragen
	les idées		
	le *sujet*		Angelegenheit
que j'ai	*exposé/e/s*		dargestellt
	soulevé/e/s		aufgeworfen
dont j'ai parlé			

convaincre	les *clients*	de (+ subst.)	Kunden
persuader	les *dirigeants*		Führungskräfte
	les *jeunes*		Jugendliche
	les *responsables*		Verantwortliche
pour que (+ subj.)	ils *se décident*	à (+ inf.)	sich entschließen
	ils *se déterminent*		sich entscheiden

j'espère que	les *raisons*	que	j'ai *exposés/es*	Gründe ◇ vorgetragen
	les arguments		j'ai *formulés/es*	vorgebracht
	les *exemples*		j'ai *énumérés/es*	Beispiele ◇ aufgezählt
			j'ai *avancés/es*	angeführt
ont	la *force de persuasion*	suffisante		Beweiskraft
possèdent		*nécessaire*		notwendig
pour	vous convaincre de	la *gravité* de	qc	Ernst
	vous montrer	le *sérieux* de		Ernsthaftigkeit
	vous faire voir	l'importance de		Ihnen zeigen

nous devons	nous convaincre		
	nous persuader		
	de la *nécessité*	de prendre des *mesures*	Notwendigkeit ◇ Maßnahmen
	qu'il est *nécessaire*		notwendig
		urgentes	pour	dringlich
		efficaces	afin de	wirksam
		indispensables		unbedingt notwendig
		changer	la situation	verändern
		améliorer		verbessern

3.7. Dissuader

abraten

faire renoncer quelqu'un à	un *but*	Ziel
	le but qu'il s'est *proposé*	vorgenommen
	ce qu'il a *projeté*	geplant
	un *projet*	Plan

| dissuader quelqu'un | de faire quelque chose | |
| *déconseiller* à quelqu'un | | abraten |

il faut	les dissuader	
nous devons		
on devrait		
il faudrait		man sollte
	de faire ce *voyage*	Reise
	de *prendre cette décision*	eine solche Entscheidung zu treffen
	de *réaliser* ces projets	verwirklichen
	d'*exécuter* leurs projets	*absurdes*	verwirklichen ◇ absurd
		ridicules	lächerlich

il nous a dissuadés avec	des *arguments*	Argumente
	des *raisons*	Gründe
de poids	pour que nous ne	gewichtig
irréfutables	fassions pas	unwiderlegbar
convaincants		überzeugend
qui savent *convaincre*		überzeugen
	ce que *nous pensions*	wir dachten
	ce que nous nous étions *proposé* de faire	vorgenommen
	ce que nous avions *projeté*	geplant

je *ne* vous *conseille pas* de je vous conseille de ne pas je vous *déconseille* de	faire	ich rate nicht ich rate ab
	cette *acquisition* cet *achat*	Anschaffung Kauf

je veux	vous *convaincre* vous *persuader*	de la *nécessité*	überzeugen ◇ Notwendigkeit überzeugen
		de changer de *projet* d'*abandonner* cette idée	Vorhaben aufgeben

3.8. Défendre

verteidigen

soutenir <qn/qc> — unterstützen
intervenir en faveur de <qn> — eintreten für
plaider | **pour** <qn> — sprechen für
      | **en faveur de** <qn/qc>
appuyer <qn> — unterstützen
prendre le parti de <qn> — sich auf die Seite stellen von
prendre parti pour <qn, qc> — Partei ergreifen für
innocenter <qn> — entlasten

défendre *soutenir*	une *idée* une *doctrine* une *théorie* une *affirmation* une *proposition* ce qui a été *proposé* l'idée de quelqu'un	Idee vertreten ◇ Doktrin Theorie Behauptung Vorschlag vorgeschlagen

prendre la défense de quelqu'un	sich einsetzen für

il s'est défendu contre	les attaques		er hat sich gegen die Angriffe gewehrt
	les accusations		Anschuldigungen
	les objections		Einwände
il a réussi à dissiper	les doutes		die Zweifel beseitigen
en alléguant	des arguments de poids		indem er gewichtige
	de solides arguments		Argumente angeführt hat
en présentant			
en invoquant	de bonnes raisons		gute Gründe

défendre	par tous les moyens	la nécessité de	mit allen Mitteln
	avec courage		entschlossen
	avec acharnement		hartnäckig
	avec détermination		entschieden
modifier	une situation injuste		ändern ◇ ungerecht
transformer	une méthode inefficace		verändern ◇ unwirksam
changer	un régime fiscal		Steuersystem
	les conditions de vie		Lebensbedingungen

ne pas	vouloir	se défendre	contre les
	pouvoir	se justifier	
	savoir		nicht können
	critiques	d'un	adversaire	Einwände ◇ Gegner
	arguments		rival	Argumente ◇ Rivale
	objections		opposant	Einwände ◇ Widersacher
	accusations			Anschuldigungen

3.9. Prévenir

warnen

mettre en garde <qn contre qc>   warnen
avertir <qn de qc>   aufmerksam machen
aviser <qn de qc>   benachrichtigen

prendre	*des mesures*	Vorkehrungen treffen
	des *précautions*	Vorsichtsmaßnahmen
	les mesures *nécessaires*	notwendig
	les mesures *opportunes*	angemessen
pour *éviter*	des *dépenses*	vermeiden ◇ Ausgaben
	des *complications*	Schwierigkeiten
	des *déconvenues*	Enttäuschungen
pour *échapper à un danger*		einer Gefahr entgehen

prévenir	*à temps*	d'un *risque*	rechtzeitig ◇ Risiko
avertir	*à l'avance*	d'un *danger*	im voraus ◇ Gefahr
		d'une *difficulté*	Schwierigkeit
		d'un *conflit*	Konflikt
		d'*incidents désagréables*	Zwischenfälle ◇ unliebsam
		d'*interprétations fausses*	Auslegungen ◇ irrig

je me sens obligé de	vous informer des	ich fühle mich verpflichtet
je dois	vous avertir des	
dangers	auxquels vous *vous exposez*	Gefahren ◇ sich aussetzen
	qui vous *menacent*	drohen
risques qui pourraient *surgir*		Risiken ◇ auftauchen

il faut		
il est nécessaire de		
il est *de la plus grande importance* de		äußerst wichtig
nous devons		
prêter beaucoup d'attention	*au moment de*	wenn
rester sur le qui-vive	*avant de*	hellhörig sein ◇ bevor
faire attention		vorsichtig sein
prendre des précautions		vorsichtig sein
	décider	entscheiden
	nous décider	
	prendre une décision	eine Entscheidung treffen

au cas où	falls
dans le cas où	
pour le cas où	
si par hasard	
en admettant que	
à supposer que	

il ne faudrait pas que ... (+ subj.)	man sollte nicht ...

3.10. Empêcher — verhindern

éviter <qc>	vermeiden
rendre impossible <qc>	vereiteln
déjouer <qc>	durchkreuzen
rendre difficile <qc>	erschweren
contrecarrer <qc>	vereiteln
résister <à qc>	Widerstand leisten
entraver <qc>	verhindern

empêcher	*par tous les moyens*	mit allen Mitteln
s'opposer (à)	*coûte que coûte*	koste es, was es wolle
	à tout prix	unter allen Umständen
la *réalisation*	d'une *idée*	Verwirklichung ◇ Idee
l'*exécution*	d'un *plan*	Durchführung ◇ Plan
	d'un *programme*	Programm
	d'un *projet*	Projekt

Il faut	empêcher	que	la *situation s'aggrave* — Lage ◇ sich verschlechtert
	éviter		une *menace devienne réalité* — Drohung ◇ Wirklichkeit wird
			l'*incertitude augmente* — Unsicherheit ◇ wächst

3.11. Critiquer

kritisieren

censurer <qc/qn>   scharf kritisieren
désapprouver <qn/qc>   missbilligen
désavouer <qc/qn>   missbilligen
blâmer <qn>   tadeln
reprocher <qc à qn>   vorwerfen
condamner <qn/qc>   verurteilen

---

critiquer quelqu'un pour quelque chose

| critiquer | le fait que ... (+ subj.) |
| désapprouver | |

---

critiquer	un *vice*	Laster
lutter contre	un *penchant*	kämpfen ◇ Neigung
faire front à	des *abus*	bekämpfen ◇ Missstände
en finir avec	le *favoritisme*	Schluss machen ◇ Günstlings-wirtschaft

---

l'orateur	s'est *proposé* de		Redner ◇ vorgenommen
	est *déterminé* à		entschlossen
	a *essayé* de		versucht
	a *tenté* de		versucht

ridiculiser	les *coutumes*	ins Lächerliche ziehen
souligner le côté ridicule de	le *comportement*	Gewohnheiten ◇ Verhalten
blâmer	la façon de	

| | *penser* | denken |
| | *s'exprimer* | sich ausdrücken |

d'une *classe sociale*	soziale Schicht
d'un *groupe social*	soziale Gruppe
des *étudiants*	Studenten
des *jeunes*	Jugend

---

critiquer	les *privilèges*	d'une *catégorie sociale*	Vorrechte ◇ soziale Schicht
dénoncer	les *prérogatives*	d'un *groupe professionnel*	Sonderrechte ◇ Berufsgruppe
dénoncer			anprangern

nous voulons	*réclamer*	*immédiatement*	le droit à	fordern ◇ sofort
	exiger			verlangen
		énergiquement		mit Nachdruck
	faire valoir		nos droits	geltend machen

la réforme	que je veux	*appliquer*	Reform ◇ durchführen
le changement	que je veux	*proposer*	vorschlagen
a pour but de	*améliorer*	la *situation*	bezweckt ◇ verbessern ◇ Lage
		les *conditions de vie*	Lebensbedingungen
des *ouvriers*			Arbeiter
des *travailleurs immigrés*			Gastarbeiter
des *handicapés*			Behinderten

3.12. Exercer une influence

Einfluß ausüben

influer <sur qn/qc>	einwirken
influencer <qn>	beeinflussen
agir <sur qn/qc>	einwirken
peser <sur qc>	lasten
contribuer <à qc>	beitragen

gagner	la *bienveillance*	de l'*auditoire*	für sich gewinnen ◇
s'attirer	la sympathie	des personnes présentes	Wohlwollen ◇ Hörerschaft
	l'*affection*	de toute l'*assistance*	für sich einnehmen
	l'amitié	d'une personne	Zuneigung ◇ Teilnehmer

le seul	*but*	que nous nous sommes *proposé*	Ziel ◇ vorgenommen
l'unique	*objectif*	qui nous *guide*	Vorhaben ◇ leitet
est	de *proposer* à	ceux qui nous écoutent	vorschlagen
	de *présenter* à	chacun de vous	vorstellen
une nouvelle *conception*		de l'*existence*	Lebensauffassung
		de la *société*	Gesellschaftsauffassung
un *changement* radical dans le *mode*		de *pensée*	Veränderung ◇ Denkweise
		de *vie*	Lebensform

vouloir	convaincre	qn de qc		überzeugen
prétendre	persuader			beabsichtigen
tenter de				versuchen
avoir l'intention de				

vouloir	que quelqu'un	*change* de	*conduite*	ändert ◇ Verhalten
faire en sorte		*modifie* sa		es so einrichten ◇ ändert
		améliore sa		verbessert

désirer	que quelqu'un	*devienne solidaire* de	sich solidarisch erklärt
faire en sorte		*adhère* à	zustimmt
	la *cause* que l'on *défend*		Sache ◇ verteidigt

je ne veux	*imposer* à personne	aufdrängen
je ne désire		
je ne voudrais		
	mon *avis*	Meinung
	mon *opinion*	Ansicht
	mes *idées*	Ideen
	mes *convictions*	Ansichten

on nous a demandé de	*protester* contre	protestieren
	nous soulever contre	uns auflehnen
	nous opposer à	uns widersetzen
	nous insurger contre	uns auflehnen
un *abus*		Missbrauch
une *décision*	*injuste*	Entscheidung ◇ ungerecht
	irréfléchie	leichtfertig
	arbitraire	eigenmächtig
une *injustice*		Ungerechtigkeit

inciter	à l'aide de	*moyens peu*	*légaux*	anstiften ◇ wenig legale Mittel
	avec des		*orthodoxes*	ungewöhnlich
	grâce à des			
	les *chômeurs*	à la *résistance*		Arbeitslose ◇ Widerstand
	les *jeunes*	à la *lutte*		Jugend ◇ Kampf
	les *grévistes*	à la *violence*		Streikende ◇ Gewalttaten
	les *manifestants*			Demonstranten

3.13. Autres intentions

essayer	de *s'interposer* d'*intervenir* de *servir de médiateur*	
	entre deux positions	*opposées* *divergentes*

versuchen ◇ einschreiten
vermitteln
sich einsetzen als Vermittler
entgegengesetzt
abweichend

chercher à	*renforcer* *consolider* *affaiblir*	la position
	d'un *groupe* d'un *parti politique* du *patronat* des *syndicats* des *délégués syndicaux*	*social* *professionnel*

beabsichtigen ◇ stärken
festigen
schwächen

gesellschaftliche Gruppe
Berufsgruppe
politische Partei
Arbeitgeber
Gewerkschaften
Gewerkschaftvertreter

l'*intention* la *volonté*	*critique* *polémique* *satirique*	de l'auteur de l'*orateur*
	se perçoit dans peut *se deviner* dans *apparaît* dans	l'expression …

Absicht ◇ kritisch
Wille ◇ Redner
polemisch
satirisch

kann man erkennen
kann man erraten
erscheint

1. Généralités

1.1. Thème (m.)

matière (f.)	Stoff
sujet (m.)	Gegenstand
question (f.)	Frage
problème (m.)	Problem
objet (m.)	Gegenstand

un sujet un thème	*intéressant*	anregend / interessant
	d'actualité	aktuell
	très actuel	von großer Aktualität
	très *discuté*	umstritten
	très *controversé*	umstritten
	connu	bekannt
	délicat	heikel
	ardu	sehr schwierig
	litigieux	umstritten

exposer	un sujet	vortragen / darlegen
	un problème	
être confronté à	un thème	konfrontiert sein mit
aborder	une question	zur Sprache bringen
s'occuper de		sich widmen
écrire sur		
parler de		
faire allusion à		anspielen auf

définir	un thème	abgrenzen
circonscrire	un sujet	umreißen
délimiter		abgrenzen

s'écarter du	thème	abkommen / abschweifen
changer de	sujet	wechseln
s'éloigner du		abweichen

éluder	un aspect	délicat			meiden ◇ heikel
éviter		compliqué			ausweichen ◇ verwickelt
passer sur					umgehen
ne pas mentionner		confus			nicht erwähnen ◇ verworren
faire abstraction de					absehen von
ignorer					nicht kennen

d'un thème
d'un problème
d'une question

1.2. Idée (f.)

Idee / Vorstellung

concept (m.) — Begriff
pensée (f.) — Gedanke
intuition (f.) — Intuition

une idée	originale	ausgefallen / originell
	intéressante	anregend / interessant
	géniale	genial / großartig
	excellente	ausgezeichnet
	séduisante	verlockend
	singulière	sonderbar

avoir	une idée	claire	de	qc	klar
se faire		précise	sur	qn	sich bilden ◇ eindeutig
		exacte			genau
		arrêtée			bestimmt
		vague			undeutlich
		floue			verschwommen
		approximative			grob
		confuse			unklar
		inexacte			ungenau
		fausse			falsch
		erronée			irreführend

présenter	l'idée | de qn		vortragen
exposer	les idées |		darstellen
propager			verbreiten
diffuser			verbreiten
défendre			verteidigen
s'opposer à			bekämpfen
lutter | pour			kämpfen
| contre			
être | pour			
| contre			
rejeter			ablehnen

ne pas pouvoir |	adhérer aux	idées de qn	zustimmen
	se rallier aux		sich anschließen
	approuver les		zustimmen
	partager les		teilen

caresser	l'idée de |	réaliser | quelque chose	nachhängen ◇ umsetzen
renoncer à		obtenir |	verzichten ◇ erreichen
abandonner			aufgeben

une idée |	apparaît	erscheint
	surgit	taucht auf
	naît	wird geboren
	germe	keimt
	se propage	breitet sich aus
	obtient | un grand | succès	erzielt ◇ Erfolg
	remporte | un énorme |	erringt
	devient à la mode	wird modern
	a beaucoup | d'adeptes	Anhänger
	| de partisans	Befürworter
	s'impose petit à petit	setzt sich langsam durch
	finit par s'imposer	setzt sich langsam durch
	perd | du terrain	verliert an Boden
	| des adeptes	Anhänger
	passe de mode	kommt aus der Mode
	est démodée	ist unmodern

1.3. Plan (m.)

projet (m.)   Projekt / Vorhaben
programme (m.)   Programm
idée (f.)   Idee
concept (m.)   Konzept

proposer	un plan	vorschlagen
présenter	un projet	vorstellen / unterbreiten
montrer	un programme	zeigen
exposer	une idée	darlegen / vorstellen
expliquer	un concept	erklären
faire connaître		bekannt machen

un plan	*réalisable*		realisierbar
un projet	*viable*		ausführbar
un programme	très bien *pensé*		durchdacht
	préétabli		vorher festgesetzt
	irréalisable		nicht machbar
	utopique		utopisch
	qui ne peut *prendre forme*		Gestalt annehmen
	qui ne peut être	*réalisé*	verwirklicht
		effectué	ausgeführt
		concrétisé	konkretisiert

concevoir	un plan	entwerfen
imaginer		ausdenken
élaborer		erarbeiten
établir		aufstellen
échafauder		entwerfen
changer		ändern
corriger		verbessern
actualiser		aktualisieren
réaliser		realisieren / ausführen
exécuter		ausführen

un plan	rencontre doit vaincre affronte	beaucoup de de nombreux/ses d'innombrables	stößt auf überwinden ◇ zahlreich stößt auf ◇ unzählig
problèmes obstacles difficultés	avant de	être réalisé se concrétiser	Schwierigkeiten ◇ verwirklicht werden ◇ Hindernisse ◇ sich konkretisieren ◇ Schwierig- keiten

1.4. Question (f.)

Frage

sujet (m.) Thema
thème (m.) Thema / Gegenstand
problème (m.) Problem

un sujet un problème	d'actualité	aktuell
la portée	d'un problème d'un sujet	Tragweite

un problème	humain social	menschlich sozial
un thème une question	politique économique	politisch wirtschaftlich

examiner réfléchir sur mettre sur le tapis se pencher sur traiter étudier	une question	difficile compliquée problématique délicate épineuse cruciale décisive	untersuchen ◇ schwierig nachdenken ◇ komplex aufs Tapet bringen untersuchen ◇ problematisch behandeln untersuchen ◇ heikel schwierig entscheidend entscheidend

aborder	un problème		anschneiden
éviter			meiden
éclaircir			klären
clarifier			klären
ajourner	une question		aufschieben
devancer			zuvorkommen
éluder			ausweichen

exposer	les *différents*	*aspects*	darstellen ◇ verschieden ◇
analyser	chacun des		Aspekte
détailler	tous les		ausführlich beschreiben
		d'un problème	
		d'une question	

étudier	une question	*sous cet angle*	unter diesem Gesichtspunkt
	un problème	*sur toutes les coutures*	genauestens prüfen

la question	*provoque*	une *discussion*	ruft hervor ◇ Diskussion
	suscite	un *débat*	verursacht ◇ Streitgespräch
	entraîne		löst aus

1.5. Hypothèse (f.)

Hypothese

supposition (f.) — Annahme / Voraussetzung
conjecture (f.) — Vermutung
postulat (m.) — Postulat

une hypothèse	*vraisemblable*	wahrscheinlich
	admissible	annehmbar
	acceptable	annehmbar
	probable	denkbar
	intéressante	interessant
	inadmissible	unannehmbar
	inacceptable	unannehmbar
	invraisemblable	unwahrscheinlich
	absurde	absurd

une hypothèse	qui *est basé/e sur*		gründet auf
une supposition	qui *se base sur*		beruht auf
un postulat	qui *s'appuie sur*		stützt sich auf
	qui *repose sur*		stützt sich auf
	qui *est fondée sur*		basiert auf
	qui *se fonde sur*		basiert auf
	dont les *fondements* s'appuient sur		Grundlage
	des *faits*	*réels*/les	Fakten ◇ real
	des *données*	*concrets*/ètes	Daten ◇ konkret
	des *expériences*	*précis*/es	Erfahrungen ◇ bestimmt

formuler	une hypothèse	vorbringen / formulieren
exposer		darlegen
soutenir		vertreten / verteidigen
défendre		verteidigen
rejeter		ablehnen
contester		anfechten
réfuter		widerlegen

une hypothèse	qui *manque* de		entbehrt
	manquant de		ohne
	dépourvue de		ohne
	qui n'a pas de		
		fondement	Grundlage
		base	Grundlage / Basis

l'*expérience*	*confirme*/nt	petit à petit	Erfahrung ◇ bestätigt
la réalité	*renforce*/nt	*progressivement*	weist aus ◇ allmählich
les *faits*	*corrobore*/nt		Fakten ◇ bekräftigt
		une hypothèse	
		une supposition	
		des conjectures	
		un postulat	

on pourrait	*partir* de		ausgehen
il serait possible de	prendre comme *point de départ*		Ausgangspunkt
	l'hypothèse	*suivant*/e	folgende
	le postulat	que je vais *formuler*	formulieren

si l'on pose comme hypothèse	que ... (+ indicatif)	nehmen wir an
si l'on suppose		gesetzt den Fall
si l'on admet		gehen wir davon aus
si l'on considère		stellen wir uns vor
si l'on imagine		stellen wir uns vor

je ne peux *en*	*aucun cas*		*admettre*	keineswegs ◇ zustimmen
	aucune manière		*accepter*	keinesfalls ◇ akzeptieren
il m'est	totalement	impossible de	*adhérer à*	mich anschließen
	absolument			
	tout à fait			
		votre hypothèse		
		votre postulat		

1.6. Problème (m.)

Problem

difficulté (f.) — Schwierigkeit
question (f.) — Frage
énigme (f.) — Rätsel

un problème		
	difficile à résoudre	schwer zu lösen
	sans solution	ohne Lösung
	facile à résoudre	leicht zu lösen
	soluble	lösbar
	insoluble	unlösbar
	délicat	heikel
	crucial	entscheidend
	humain	menschlich
	moral	moralisch
	politique	politisch
	social	gesellschaftlich / sozial
	économique	wirtschaftlich
	national	national
	international	international
	courant	alltäglich

poser	un problème		aufwerfen
aborder	un problème délicat		zur Sprache bringen
affronter	une question difficile		in Angriff nehmen
soulever			mit sich bringen
traiter			behandeln
discuter			besprechen

envisager	un problème	*objectivement*	in Angriff nehmen ◇ sachlich
aborder		*avec objectivité*	angehen ◇ unvoreingenommen
exposer		de façon objective	darstellen

attirer l'attention sur	un aspect d'un problème	die Aufmerksamkeit lenken
approfondir		vertiefen
étudier | *attentivement*		konzentriert
| *en particulier*		besonders
concentrer son attention sur		die Aufmerksamkeit richten

exposer à nouveau	un problème	*urgent*	dringend
reposer			wieder aufgreifen
		compliqué	kompliziert
		ardu	äußerst schwierig

chercher	*la solution*	d'un problème	die Lösung suchen
trouver		à un problème	finden

résoudre	un problème	lösen
donner | *la solution* de		die Lösung geben
trouver		die Lösung finden
arriver à |		zu einer Lösung kommen

laisser	un problème *sans solution*	lassen ◇ ungelöst
	une question *sans réponse*	offen

1.7. Analyse (f.)

examen (m.)   Untersuchung
étude (f.)   Studie

une analyse	*exact*/e		genau
un examen	*scientifique*		wissenschaftlich
une étude	*exhaustif*/ve		umfassend
	rigoureux/se		exakt
	approfondi/e		eingehend
	sommaire		knapp
	superficiel/le		oberflächlich
	sérieux/se		ernsthaft

analyser	*minutieusement*		sehr ausführlich
examiner	*avec précision*		untersuchen ◇ haargenau
	exactement		genau
	à fond		gründlich
	avec une *exactitude scientifique*		wissenschaftliche Genauigkeit
	rapidement		schnell
	sommairement		flüchtig
	superficiellement		oberflächlich

un problème			
une *question*			Frage
la *situation*	*économique*	d'une région	wirtschaftliche Lage
	sociale	d'un groupe	sozial
		de la *population*	Bevölkerung

faire	l'analyse	d'un *projet*	Projekt
élaborer		d'un *plan*	erarbeiten ◇ Plan
		d'un *programme*	Programm
		d'une *proposition*	Vorschlag
		d'un *article*	Artikel
		d'un *texte*	Text

1.8. Réflexion (f.)   Überlegung

méditation (f.)   Nachdenken / Betrachtung
pensée (f.)   Gedanke
examen (m.)   Überprüfung
délibération (f.)   Überlegung
étude (f.)   Prüfung

considérer longuement qc	überlegen ◇ gründlich
réfléchir à qc	überlegen
méditer qc	nachdenken
cogiter	denken
penser à qc	denken
se concentrer sur qc	genau überlegen
songer à qc	nachdenken
étudier qc	prüfen
examiner qc	überprüfen

réfléchir	*longuement*	à/sur qc	eingehend
	sérieusement		ernsthaft
	avec calme		in aller Ruhe
	un moment		einen Augenblick lang
	quelques instants		ein paar Minuten

il	faut	*réfléchir*	
	est *nécessaire* de		notwendig
	est *indispensable* de	*se concentrer*	unumgänglich ◇ sich konzentrieren
	avant de	*prendre* *une décision*	eine Entscheidung treffen
		une disposition	einen Beschluß fassen
		se prononcer	sich entscheiden
		se décider	sich entscheiden

après	une *brève*	réflexion	kurz
	une *longue*		lang

nous avons *décidé* de		*accepter*	beschlossen ◇ annehmen
nous nous sommes *déterminé* à		*accéder à*	beschlossen ◇ stattgeben
		votre *offre*	Angebot
		vos *conditions*	Bedingungen
		votre *demande*	Antrag
		vos *exigences*	Forderungen

j'ai besoin de	quelques instants	pour réfléchir	ich brauche
il me faut	un moment	de réflexion	ich brauche
	quelques jours		

permettez-moi de	réfléchir	jusqu'à demain	erlauben Sie mir
laissez-moi	y penser	jusqu'au mois	lassen Sie mich
		jusqu'à la semaine	
	prochain/e		nächsten

vos réflexions sont très	*pertinentes*	treffend
	justes	richtig
	judicieuses	sinnvoll

agir sans réfléchir		handeln
décider	quelque chose *à la légère*	entscheiden ◇ unüberlegt
faire		

1.9. Conversation (f.)   Gespräch

colloque (m.)	Besprechung
conférence (f.)	Konferenz / Vortrag
séminaire (m.)	Seminar
discussion (f.)	Gespräch
débat (m.)	Diskussion
entrevue (f.)	Unterredung
entretien (m.)	Unterredung
tête à tête (m.)	vertrauliche Unterredung
bavardage (m.)	Geschwätz

une conversation une discussion	*intéressante* *captivante* *passionnante* *animée* *amusante* *fructueuse* *insipide* *ennuyeuse* *ininteressante*	interessant spannend leidenschaftlich angeregt lustig erfolgreich fade langweilig uninteressant

une conversation	*traite* de *porte sur* *tourne autour de* *est consacrée* à *a pour thème* ...	un thème	handelt hat zum Inhalt dreht sich um ist gewidmet hat als Thema

discuter sur *échanger des impressions* sur *commenter* *amener* la conversation sur *engager* | une conversation sur *entamer* |	sich unterhalten Eindrücke austauschen kommentieren lenken anknüpfen anknüpfen

la conversation	*tourne autour de* *porte sur*	dreht sich um
	les derniers *événements* un problème *d'actualité* la situation d'une *entreprise* les *difficultés* à *surmonter* la tactique à suivre	Ereignisse aktuell Unternehmen Schwierigkeiten ◇ überwinden die zu verfolgende Taktik

une conversation	*devient* | *animée* | *intéressante* *languit* *perd son intérêt* *s'interrompt* *reprend*	wird lebhaft wird interessant erlahmt wird uninteressant stockt wird fortgesetzt

1.10. Consultation (f.)
Beratung

question (f.)   Frage
demande (f.)   Anfrage
conseil (m.)   Rat

s'en référer à	qn	sich berufen
demander conseil à		um Rat bitten
prendre conseil auprès de		sich beraten lassen
consulter		um Rat fragen
demander | *l'opinion* de		um die Meinung bitten
| *l'avis* de		

consulter | un *avocat*	sur	zu Rate ziehen ◇ Rechtsanwalt
| un *expert*		Fachmann
| un *ami*		Freund
| une *connaissance*		Bekannten
| un *sujet*		Thema
| une *question*		Frage
| un *problème*		Problem

consulter | le *dictionnaire*	im Wörterbuch nachschlagen
compulser | un *ouvrage de référence*	in einem Standardwerk nach-schlagen

1.11. Dialogue (m.)
Dialog

entretien (m.)   Unterredung
pourparlers (m. p.) Unterhandlung
conversation (f.)   Gespräch
négociation (f.)   Verhandlung

établir | le *dialogue*	den Dialog eröffnen
renouer |	wiederaufnehmen
le dialogue *se poursuit*	wird fortgesetzt

entamer	une discussion	sur quelque chose	einleiten
interrompre	une conversation		abbrechen
continuer	des négociations		fortsetzen
	des pourparlers		
	un entretien		

après avoir discuté	*des heures et des heures*	sur qc	stundenlang
	pendant des heures		
	des heures entières		
nous ne sommes arrivés à	*aucune décision*		zu keinem Entschluss
	aucune conclusion		
	aucun accord		zu keiner Vereinbarung
	aucun résultat		zu keinem Ergebnis

1.12. Discussion (f.)
Diskussion

débat (m.) — Auseinandersetzung
polémique (f.) — Polemik
controverse (f.) — Auseinandersetzung
altercation (f.) — lebhafte Auseinandersetzung
différend (m.) — Meinungsverschiedenheit

une discussion	*interminable*	endlos
	passionnée	leidenschaftlich
	acharnée	erbittert
	véhémente	heftig
	serrée	hart

le *thème*	de la discussion est	Thema
le *sujet*		Gegenstand
la discussion *porte sur*		als Gegenstand haben
	la *situation* des *jeunes*	Lage ◇ Jugendliche
	les problèmes du *troisième âge*	Senioren
	les problèmes des *drogués*	Drogenabhängige
	le *problème écologique*	ökologisches Problem
	le *chômage*, ses *causes*, ses *effets*	Arbeitslosigkeit ◇ Ursachen ◇ Folgen ◇ Frauenfrage
	la *condition féminine*	

discuter	*avec passion*	d'un thème	heftig
débattre	*avec véhémence*	d'un problème	leidenschaftlich
	en connaissance de cause	d'une question	mit Sachkenntnis

2. *Situations*

2.1. Situation (f.)

Lage

état (m.)	Stand / Situation
état (m.) **de choses**	Lage der Dinge
circonstances (f. p.) **actuelles**	gegenwärtige Lage

la situation	*internationale*	international
	nationale	national
	politique	politisch
	économique	ökonomisch
	de l'emploi	beruflich

se trouver dans une situation	*privilégiée*	privilegiert
	exceptionnelle	außergewöhnlich
	favorable	günstig
	avantageuse	vorteilhaft

se trouver dans une situation	*critique*	kritisch
traverser une phase		durchmachen
être confronté à une situation	*dangereuse*	konfrontiert sein ◇ gefährlich
se trouver dans une position	*embarassante*	peinlich
	délicate	heikel

la situation	*évolue*	*rapidement*	sich (ver)ändern ◇ schnell
	s'améliore		wird besser
	s'aggrave		wird schlimmer
	se détériore		verschlechtert sich

être	*en mesure* de (+ infinitif)	in der Lage sein
se trouver		

être maître de	*la situation*	die Lage unter Kontrolle haben
maîtriser		beherrschen
contrôler		beherrschen

2.2. Circonstances (f. p.)

Umstände

facteurs (m. p.)	Faktoren
conditions (f. p.)	Verhältnisse
situation (f.)	Lage / Situation
état (m.)	Zustand
conjoncture (f.)	Umstände

circonstances	*défavorables*	ungünstig
	favorables	günstig
	imprévues	unvorhergesehen
	imprévisibles	unvorhersehbar

les circonstances	*actuelles*	*favorisent*	gegenwärtig ◇ fördern
	présentes	*gênent*	erschweren
		empêchent	hindern
		entravent	entgegenwirken
		contrarient	durchkreuzen
considérablement	l'*exécution* de nos	plans	erheblich ◇ Durchführung
	la *réalisation* de nos	projets	Verwirklichung

s'adapter aux	circonstances	sich anpassen
profiter des		ausnutzen
tirer parti des		Nutzen ziehen

dans ces circonstances	il nous est	
dans les circonstances actuelles		in der augenblicklichen Lage
dans cet état de choses		bei diesem Stand der Dinge
étant donné les circonstances		unter diesen Umständen
totalement	impossible	de *prendre* une décision	völlig ◇ treffen
absolument		d'*accepter* cette proposition	vollkommen ◇ annehmen
complètement			ganz

2.3. Avantage (m.)　　Vorteil

intérêt (m.)　　Nützlichkeit
profit (m.)　　Nutzen
bénéfice (m.)　　Vorteil
utilité (f.)　　Nützlichkeit

quelque chose	a présente	de *gros* d'*énormes* *beaucoup* de de *multiples* de *nombreux*	avantages	große gewaltige viele verschiedene zahlreiche

considérer *prendre en compte* *voir* *faire voir* *montrer* *expliquer* *exposer* *analyser* *comprendre*	les avantages l'intérêt l'utilité	bedenken / beachten berücksichtigen feststellen vor Augen führen zeigen erklären darlegen untersuchen verstehen
qu'a qu'*entraîne*	l'*application* d'une *méthode* l'*acquisition* d'un produit	Anwendung ◇ Methode mit sich bringt ◇ Erwerb

considérer *analyser* *penser* à *réfléchir* à	les avantages les *inconvénients* les avantages et les inconvénients	bedenken analysieren ◇ Nachteile denken nachdenken
	d'une *décision* d'un *refus*	Entscheidung Absage

une *méthode* une *technique* un *produit*	a présente	Methode Technik ◇ bietet Produkt
	des *avantages et* des *inconvénients* de bons et de mauvais côtés du pour et du contre	Vor- und Nachteile

il serait	plus	*avantageux*	vorteilhaft
	beaucoup plus	*profitable*	ergiebig
		utile	nützlich
	de faire	quelque chose	
	de ne pas faire		unterlassen

il y aurait	plus d'*avantages* à		Vorteile
	plus d'*intérêt* à		Nutzen
		attendre	warten
		ne pas *agir précipitamment*	handeln ◇ übereilt

ce *procédé*			Verfahren
cette *méthode*			Methode
le procédé	*proposé*		vorgeschlagen
	présenté		vorgestellt
	a comme avantage de (+ infinitif)		
	est plus *avantageux*/se car (+ indic.)		vorteilhaft

profiter	des avantages	qu'*offre*/ent	nutzen ◇ bietet
tirer parti		que *présente*/nt	Nutzen ziehen ◇ bietet
		des *circonstances*	Umstände
		une *situation*	Lage
		un *état de choses*	Stand der Dinge

2.4. Inconvénients (m. p.)   Nachteile

obstacle (m.)   Hindernis
handicap (m.)   Nachteil
difficulté (f.)   Schwierigkeit

un obstacle	*insurmontable*	unüberwindlich
une difficulté		

un	gros petit énorme	inconvénient		groß gering beträchtlich

un inconvénient	évident qui se	voit remarque constate	au premier coup d'œil	offenbar gesehen wird ◇ auf den ersten Blick ◇ erkannt wird festgestellt wird
	difficile à cacher			schwer zu verbergen
	est est le fait	que ... (+ subj.)		Tatsache

qc	a présente entraîne comporte	beaucoup de de gros	inconvénients	Nachteile hat bringt mit sich hat zur Folge

comparer analyser	les avantages et les inconvénients les aspects positifs et négatifs les bons et les mauvais côtés le pour et le contre	vergleichen analysieren Seiten Für und Wider
	de quelque chose du travail des femmes de la légalisation de la drogue	Frauenarbeit Legalisierung ◇ Drogen

être se trouver	dans une position situation	critique sans issue précaire	Lage ◇ kritisch sich befinden ◇ ausweglos schwierig

2.5. Possibilité (f.) — Möglichkeit

probabilité (f.) — Wahrscheinlichkeit
vraisemblance (f.) — Wahrscheinlichkeit
éventualité (f.) — Möglichkeit
cas (m.) — Fall
hypothèse (f.) — Hypothese

il est *possible*	que ... (+ subj.)	möglich
il se peut		es kann sein
il peut *arriver*		geschehen
il est très *probable*		wahrscheinlich
il y a des chances pour		es besteht die Möglichkeit

il n'est pas possible			
il m'est	*totalement*	*impossible*	völlig ◇ unmöglich
	absolument		ganz
	tout à fait		absolut
	complètement		völlig
	réellement		in der Tat / wirklich
	de *consentir* à votre *demande*		entsprechen ◇ Bitte
	d'*accepter* vos *conditions*		annehmen ◇ Bedingungen
	de *vous rendre service*		entgegenkommen
	de *satisfaire* vos	*souhaits*	nachkommen ◇ Bitten
		désirs	Wünsche

je ne vois	*aucune* possibilité		keine
	pas *la moindre* possibilité		die geringste
	d'*arriver*	à un accord	sich einigen
		à un *compromis*	Kompromiss

peut-être que ... (+ indicatif)	vielleicht

il y a la possibilité	de (+ infinitif)	es ist möglich
il est possible	que ... (+ subj.)	
nous avons la possibilité de (+ infinitif)		wir haben die Möglichkeit

permettre	la *réalisation*	ermöglichen ◇ Verwirklichung
faciliter	la *mise en pratique*	erleichtern ◇ Durchführung
	d'un *plan*	Plan
	d'un *projet*	Projekt
	d'une *idée*	Vorhaben

je ferai	de *mon mieux*		mein Bestes
	mon possible		mein Möglichstes
	tout mon possible		
	tout ce qui est en mon pouvoir		was in meiner Macht steht
	pour *réaliser*	votre *souhait*	verwirklichen ◇ Wunsch
		ce que vous	désirez
			demandez
			souhaitez

je me vois	dans l'impossibilité	d'accepter	es ist mir unmöglich
je me trouve		de prendre	berücksichtigen
je suis		en compte	
		vos arguments	Argumente
		vos raisons	Gründe

2.6. Probabilité (f.)   Wahrscheinlichkeit

vraisemblance (f.)   Wahrscheinlichkeit
possibilité (f.)   Möglichkeit
éventualité (f.)   Gelegenheit / Eventualität
présomption (f.)   Vermutung

| une hypothèse *s'avère* | *exacte* | erweist sich als richtig |
| | *correcte* | richtig |

votre *proposition*		Vorschlag
la proposition que vous	avez *faite*	gemacht
	avez *formulée*	formuliert
	avez *exposée*	vorgetragen
	venez d'exposer	eben vorgetragen haben
	est *réalisable*	machbar
	est *exécutable*	ausführbar
	peut *devenir réalité*	Wirklichkeit werden

je pense que cette *idée* *je crois* que ce *projet* que ce qui a été *exposé*	ich denke ◇ Gedanke ich glaube ◇ Vorhaben vorgetragen
n'est pas du tout *utopique* est *réalisable* a de *fortes chances* de *devenir réalité*	utopisch machbar gute Aussichten ◇ Wirklichkeit werden

2.7. Difficulté (f.)

Schwierigkeit

inconvénient (m.) Nachteil
problème (m.) Problem
obstacle (m.) Hindernis
empêchement (m.) Hindernis
complication (f.) Verwicklung

une difficulté un obstacle	
inattendu/e *imprévu/e* sur lequel/laquelle on n'avait pas *compté* auquel/à laquelle on n'avait pas *pensé* que l'on n'avait pas *pris/e en compte*	unerwartet unvorhergesehen gerechnet gedacht berücksichtigt
apparaît *tout à coup* *surgit* *subitement* *se présente*	taucht auf ◇ plötzlich ergibt sich ◇ plötzlich tritt auf

un obstacle *rend presque impossible* une difficulté *empêche* *gêne* *complique*	macht fast unmöglich verhindert steht im Wege erschwert
la *réalisation* d'un *plan* la *concrétisation* d'un *programme* d'un *projet*	Verwirklichung ◇ Plan Ausführung ◇ Programm Projekt

se heurter à	une difficulté	stoßen
affronter	un obstacle	konfrontiert werden
vaincre		überwinden
surmonter		überwinden

tenir compte de	*le degré* d'une difficulté	berücksichtigen ◇ Grad
sous-estimer		unterschätzen
surestimer		überbewerten

il est nécessaire de	*faire face* à	toute *espèce* de	es ist notwendig ◇
il faut	*affronter*	toute *sorte* de	sich widersetzen ◇ Art
		difficultés	die Stirn bieten ◇ Art
		obstacles	

ainsi	il serait *possible* de	*éviter*	so ◇ möglich ◇ vermeiden
de cette manière	*on pourrait*		könnte man
de cette façon	*nous pourrions*	*éluder*	könnten wir ◇ umgehen
	on arriverait à		würde es uns gelingen
	quelques	difficultés	einige
	certain/es	obstacles	gewisse
		inconvénients	

il est	*impossible*	de *prévoir*	unmöglich ◇ voraussehen
	quasiment impossible	de *tenir compte*	fast ◇ beachten
	extrêmement	difficile	d'*analyser*	äußerst ◇ untersuchen
		compliqué		kompliziert
les difficultés	qu'il faut *affronter*	ankämpfen
les inconvénients	qui *se présenteront à nous*	uns begegnen werden
les problèmes		

2.8. Crise (f.)

Krise

moment difficile (m.)	schwierige Phase
situation (f.) **critique**	kritische Situation
difficulté (f.)	Schwierigkeit
phase critique (f.)	kritische Phase
perturbation (f.)	Unruhe
trouble (m.)	Verwirrung

une crise | *aiguë*	akut
| *grave*	ernst
un situation *alarmante*	besorgniserregend

être | en crise	sich befinden
dans | une situation | difficile	
| un moment |	

se trouver dans une situation de crise | *économique*	sich befinden ◇ wirtschaftlich
être touché par une crise | *financière*	betroffen sein ◇ finanziell
traverser une crise | *industrielle*	durchmachen ◇ industriell
| *politique*	politisch
| *sociale*	sozial

une crise | *se déclare*	bricht aus
se déclenche	beginnt
prend | *de l'ampleur*	weitet sich aus
des *proportions* | *sérieuses*	Ausmaße ◇ beträchtlich
des *dimensions* | *alarmantes*	Ausmaße ◇ besorgniserregend
| *inquiétantes*	bedrohlich / beunruhigend
| *énormes*	gewaltig
augmente | *lentement*	nimmt zu ◇ langsam
diminue | *peu à peu*	schwächt sich ab ◇
| *progressivement*	nach und nach ◇ allmählich
| *se fait sentir*	macht sich bemerkbar

une *crise commerciale*	*menace*		Handelskrise ◇ bedroht
	met en danger		bringt in Gefahr
l'équilibre	d'une *entreprise*		Stabilität ◇ Unternehmen
les *emplois*	d'un *secteur de l'industrie*		Arbeitsplätze ◇ Industriezweig

prévoir	une crise	voraussehen
anticiper		vorhersagen
pressentir		ahnen
empêcher		verhindern
enrayer		abwenden
faire face à		fertig werden mit
surmonter		überwinden

			durchmachen / erleben
traverser	des moments	*extrêmement*	außerordentlich
se trouver dans		*très*	sich befinden ◇äußerst
		critiques	besorgniserregend
		difficiles	schwierig

nous devons	*analyser*	les *motifs*	analysieren ◇ Gründe
	examiner	les *causes*	untersuchen ◇ Ursachen
qui *sont à l'origine* de	la situation		ausgelöst haben
qui ont *engendré*			verursacht
critique	dans laquelle	nous sommes	katastrophal ◇ wir uns
catastrophique		*nous nous trouvons*	befinden

2.9. Opportunité (f.)

Chance

occasion (f.)	Gelegenheit
circonstances (f. p.) **favorables**	günstige Umstände
chances (f. p.)	gute Aussichten
aubaine (f.)	glücklicher Zufall

une opportunité	*exceptionnelle*
	formidable
	inouïe
	rare

außergewöhnlich
großartig
fabelhaft
selten

| une *excellente* | opportunité | | ausgezeichnet |
| une bonne | occasion | | |

| une occasion | *favorable* | | günstig |
| un *moment* | *propice* | | Zeitpunkt ◇ gelegen |

| *avoir* | l'opportunité | de faire quelque chose | haben |
| *profiter* de | l'occasion | | nützen |

attendre	une occasion	warten auf
profiter de	une opportunité	nutzen
ne pas tirer profit de		nicht nutzen
ne pas saisir		nicht wahrnehmen
perdre		versäumen
laisser passer		sich entgehen lassen
manquer		versäumen

| *je profite* de | cette occasion pour | ich nutze |
| *je saisis* | | ich nehme wahr |

	vous *remercier*	danken
	vous *proposer* de (+ infinitif)	vorschlagen
	vous *demander* de (+ infinitif)	bitten

le moment	*opportun*	est	arrivé	angebracht
			venu	
	propice			passend
	favorable			günstig
	approprié			passend

c'est le moment	propice	pour (+ infinitif)
	idéal	pour que ... (+ subj.)
	approprié	

| il *paraît opportun* de (+ infinitif) | scheint angebracht |

2.10. Privilège (m.)

Privileg

distinction (f.)	Bevorzugung
avantage (m.)	Begünstigung
prérogative (f.)	Vorrecht
droit (m.)	Recht
passe-droit (m.)	ungerechte Bevorzugung
apanage (m.)	Alleinrecht / Monopol

un privilège	*important*	wichtig
	justifié	gerechtfertigt
	injustifié	ungerechtfertigt

privilégier	quelqu'un	bevorrechtigen
avantager		bevorzugen

concéder	un privilège	à quelqu'un	einräumen
accorder	une prérogative		gewähren
octroyer			zugestehen

avoir	un privilège	
profiter de	un droit	wahrnehmen
jouir de		besitzen
invoquer		geltend machen
abuser de		missbrauchen
abolir		abschaffen

en finir avec les	privilèges	d'une catégorie	aufheben
mettre fin aux	prérogatives	d'un groupe	ein Ende setzen
mettre un terme aux			ein Ende setzen
supprimer			abschaffen
abroger			aufheben

être	*dans une situation*	*privilégiée*	in einer günstigen Lage sein
se trouver		*exceptionnelle*	sich befinden ◇ Sonderstellung
	dans des *conditions privilégiées*		sehr günstige Umstände

2.11. Chance (f.) Glück

hasard (m.) Zufall
aléas (m. p.) (unangenehme) Überraschungen
sort (m.) Schicksal
coïncidence (f.) Zufall

une chance	*incroyable*	unglaublich
	énorme	groß
	extraordinaire	außergewöhnlich

avoir	*de la chance*	*au moment de*	Glück haben ◇ bei
	beaucoup de chance	(+ infinitif)	viel
		(+ gérondif)	
	énormément de chance		

j'ai eu	*beaucoup de chance*	de *trouver*	sehr viel ◇ als ich fand
	une chance *énorme*		groß
	la chance		
		cet *emploi*	Beschäftigung
		ce *collaborateur*	Mitarbeiter
		cette *information*	Hinweis

la chance nous sourit das Glück ist uns hold
la chance a tourné das Glück hat sich gewendet

tenter sa chance sein Glück versuchen
donner sa chance à quelqu'un jm. eine Chance geben
mettre les chances de son côté nichts unversucht lassen

bonne chance! viel Glück
par chance durch einen glücklichen Zufall
par hasard durch Zufall
comme par hasard wie zufällig
quelle coïncidence! so ein Zufall!
il y a une chance sur deux die Chancen stehen gleich
Dieu merci Gott sei Dank
heureusement zum Glück

2.12. Malchance (f.)

Pech

malheur (m.)　　　　　　　　　　　Mißgeschick / Unglück
déveine (f.)　　　　　　　　　　　Pech

avoir	de la malchance
	peu de chance
	très peu de chance

wenig
sehr wenig

avoir	la malchance	de (+ infinitif)
	le malheur	

ne pas avoir de chance
jouer de malchance
jouer de malheur

kein Glück haben
ein Pechvogel sein
Pech haben

porter malheur
ne pas porter bonheur

Unglück bringen
kein Glück bringen

pas de chance!
manque de chance!
par malheur
malheureusement

so ein Pech!
Pech gehabt!
unglücklicherweise
leider

2.13. Adversité (f.)

Unglück

malheur (m.)　　　　　　　　　　　Unglück
contretemps (m.)　　　　　　　　　widriger Umstand
fatalité (f.)　　　　　　　　　　　Verhängnis
revers (m.)　　　　　　　　　　　Schicksalsschlag

être/se trouver dans une situation	*désespérée*
	tragique
	sans issue

verzweifelt
tragisch
ausweglos

lutter contre les *revers de fortune*		kämpfen ◇ Schicksalsschläge
conjurer	le *mauvais sort*	Unglück abwenden
vaincre	l'*adversité*	Unglück ◇ überwinden

2.14. Progrès (m.)

Fortschritt

développement (m.) — Entwicklung
évolution (f.) — Entwicklung
essor (m.) — Aufschwung
croissance (f.) — Anstieg
augmentation (f.) — Zuwachs
élan (m.) — Schwung

un progrès	*considérable*	beachtlich
une augmentation	*important/e*	bedeutend
une avance	*surprenant/e*	erstaunlich
	inespéré/e	unerwartet
	notable	bedeutsam

faire	de *gros*	progrès	groß
	d'*énormes*		gewaltig

il est *important*			wichtig
il est *d'une importance capitale*			von entscheidender Bedeutung
c'est *d'une importance vitale*			lebenswichtig
de *stimuler* le progrès	*sur le plan*	technique	ankurbeln ◇ Ebene
de *favoriser* le		scientifique	fördern
développement	dans le *domaine*	économique	Gebiet
		social	

il serait	*dangereux*	de *freiner*	le progrès	schädlich ◇ hemmen
ce serait		d'*entraver*	le développement	behindern
		de *gêner*		hemmen
	fatal/néfaste			verhängnisvoll

le *niveau de vie* le *bien-être* la *formation professionnelle* la *prise de conscience* | politique | écologique	*s'est amélioré(e)*	Lebensstandard ◇ besser geworden ◇ Wohlstand Berufsausbildung Bewusstwerden

les *conditions de vie*   I se sont améliorées   Lebensbedingungen
les *moyens de communication*   I se sont améliorés   Kommunikationsmittel

   I *considérablement*   I *ces dernières années*   beträchtlich ◇ in den letzten
   I *de façon notable*   I *ces derniers temps*   Jahren ◇ spürbar ◇ in letzter
                                             Zeit

---

l'avance   I *atteint/e*   I dans le *domaine*   erreicht ◇ Bereich
le développement   I *constaté/e*   I   festgestellt
l'essor

   I *technique*   I m'a   I *surpris*   technisch ◇ überrascht
   I *économique*   I *étonné*   wirtschaftlich ◇ verwundert
   I *administratif*   I *impressionné*   Verwaltungs- ◇ beeindruckt
   I *commercial*   I a *attiré mon attention*   kaufmännisch ◇ mir aufgefallen

---

                                           Demokratisierung ◇
la *démocratisation* des *structures de gestion*   Führungsspitze
la *participation* des *employés*   Beteiligung ◇ Mitarbeiter
la *solidarité* des *membres de l'entreprise*   Gemeinschaftsgeist ◇ Betriebs-
le *travail en équipe*   angehörige ◇ Teamarbeit

   I *s'est amélioré/e*   I *lentement*   hat sich gebessert ◇ langsam
   I *s'est développé/e*   I *peu à peu*   ist gefördert worden ◇ all-
                        I *sans cesse*   mählich ◇ stetig
                        I *sans interruption*   ununterbrochen
                        I *constamment*   ständig

2.15. Retard (m.)

Rückstand

recul (m.)   Verzug / Verzögerung
ralentissement (m.)   Verzögerung
relâchement (m.)   Nachlassen
diminution (f.)   Abbau

un retard	manifeste	offenkundig
	déplorable	bedauerlich
	incompréhensible	unbegreiflich
	de plusieurs siècles	von mehreren Jahrhunderten
	de plusieurs décades	Jahrzehnte
	décennies	Jahrzehnte
	dizaines d'années	

être en retard sur le plan du développement	Ebene ◇ Entwicklung
culturel	kulturell
industriel	industriell
économique	wirtschaftlich
politique	politisch

le retard	d'une nation	Staat
	d'un pays	Land
	d'un peuple	Volk
	d'une région	Region / Gebiet

		ist zurückzuführen auf
est lié à	un manque de moyens	Mangel ◇ Mittel
est dû à	son passé historique	kommt von ◇ Geschichte
s'explique par	sa structure sociale	erklärt sich durch
est conditionné par		ist bedingt durch

le retard	culturel	kulturell
le recul	technologique	technologisch

se répercute sur	le bien-être	wirkt sich aus ◇ Wohlstand
	la vie	

affecte		betrifft
a de graves	répercussions sur	schwer ◇ Auswirkungen
sérieuses	conséquences sur	ernst ◇ Folgen
	incidences sur	Folgen

de la population	d'une nation	Bevölkerung
des habitants	d'un pays	Einwohner
des citadins		Bürger

notre *technologie*				Technologie
nos *méthodes*				Methoden
notre *structure*	*administrative*			Verwaltungsstruktur
	commerciale			kaufmännisch
révèle/ent	un *énorme*	retard		zeigt ◇ ungeheuer
met/tent *en évidence*	un grand			zeigt offenkundig
fait/font *preuve de*	un *grave*			beweist ◇ ernst
laisse/ent *apparaître*				lässt erkennen

pour	*être compétitifs*	sur le *marché*	wettbewerbsfähig sein ◇ Markt
pouvoir	nous *imposer*	au *niveau*	behaupten ◇ Stand
	être plus forts	sur le *plan*	besser sein ◇ Ebene
	subsister		überleben
international	nous devons		international
européen	il faut		europäisch
national	il est	*nécessaire* de	national ◇ notwendig
		indispensable de	unerlässlich
combler	un retard	de plusieurs	années	abhelfen
			décennies	Jahrzehnte
rattraper				aufholen

2.16. Risque (m.)   Risiko

insécurité (f.)	Unsicherheit
aventure (f.)	Abenteuer
danger (m.)	Gefahr
péril (m.)	große Gefahr
hasard (m.)	Zufall
menace (f.)	Drohung

un	risque	*énorme*	außerordentlich
	danger	*incalculable*	unberechenbar
		considérable	beachtlich

| courir | le risque de (+ infinitif) | riskieren |
| encourir | | Gefahr laufen |

risquer		sa *réputation*	riskieren ◇ Ruf
mettre en	*jeu*	sa vie	auf Spiel setzen
	danger	son *capital*	in Gefahr bringen ◇ Vermögen
	péril	sa *fortune*	gefährden ◇ Vermögen
		ses *biens*	Vermögen
		sa *santé*	Gesundheit

s'exposer à	un risque	sich aussetzen
	un *échec*	Misserfolg
	un *danger*	Gefahr
	un *péril*	große Gefahr

le risque	de pouvoir *perdre* ce que j'ai	*obtenu*	verlieren ◇ erreicht
le danger		*acquis*	erlangt
	m'*effraie*	*énormément*	ängstigt ◇ sehr
	m'*inquiète*	beaucoup	beunruhigt
	me *tourmente*		quält
	me *préoccupe*		beunruhigt
	me *tracasse*		beunruhigt

2.17. Danger (m.)

Gefahr

menace (f.) Drohung
risque (m.) Risiko
péril (m.) große Gefahr

un danger	*sérieux*	*menace*	quelqu'un	ernst ◇ droht
	considérable	*pèse sur*		beachtlich ◇ droht
	imminent	*plane sur*		drohend ◇ schwebt

affronter	un danger	einer Gefahr trotzen
faire face à		einer Gefahr trotzen
s'exposer à		sich einer Gefahr aussetzen
encourir		Gefahr laufen

courir	un *danger*	sich einer Gefahr aussetzen
éviter		meiden
sous-estimer		unterschätzen
surestimer		überschätzen

sa *vie*	*est en danger*	Leben ◇ ist gefährdet
sa *réputation*		Ansehen

2.18. Erreur (f.)   Irrtum

faute (f.)	Fehler
confusion (f.)	Verwechslung
malentendu (m.)	Missverständnis
méprise (f.)	Verwechslung
quiproquo (m.)	Missverständnis
impair (m.)	Ungeschicklichkeit
inexactitude (f.)	Ungenauigkeit
inadvertance (f.)	Versehen

une erreur	*grave*	schwerwiegend
une faute	*incompréhensible*	unverständlich
	impardonnable	unverzeihlich
	fatale	folgenschwer

se tromper	*complètement*	irren ◇ total
	gravement	schwer
	de A à Z	von A bis Z

commettre	une erreur	begehen
être victime de		Opfer werden
faire		machen

se tromper	*complètement*	ganz
	totalement	völlig
	entièrement	vollkommen
	un peu	ein wenig
	énormément	sehr

ses *affirmations*	*induisent en erreur*	Behauptungen ◇ irreführen
ses *explications*		Erklärungen
ses *déductions*		Schlussfolgerungen
ses *conclusions*		Schlussfolgerungen
les *expressions employées*		verwendete Begriffe

commettre	une *énorme*	erreur	begehen ◇ gewaltig
	une *grave*		schwer(wiegend)

se laisser	*tromper*	par les *apparences*	sich täuschen lassen ◇ Schein
	séduire		verführen

les apparences sont trompeuses	der Schein trügt

le *mot*	que vous	avez *employé/e*	Wort ◇ gebraucht
l'*expression*		avez *utilisé/e*	Ausdruck ◇ angewandt
le *terme*			Ausdruck
est	*erroné/e*		irrig
	faux/se		falsch
	ambigu/ë		zwei-/mehrdeutig
peut s'interpréter de *plusieurs*	*façons*		verschiedener Hinsicht
	manières		verschiedene Weisen

une erreur	a	des *conséquences graves*	Folgen ◇ schwerwiegend
une faute	*entraîne*		bringt mit sich
une confusion			

rectifier	une erreur	richtigstellen
corriger	une faute	berichtigen
reconnaître		erkennen
admettre		einsehen
avouer		zugeben
prendre conscience de		bewusst werden

2.19. Alarme (f.)

Alarm

avertissement (m.) — Warnung
avis (m.) — Hinweis
recommandation (f.) — Ermahnung
alerte (f.) — Alarm
inquiétude (f.) — Unruhe
trouble (m.) — Bestürzung

donner le signal d'alarme devant	la *gravité*	
prévenir à temps de		
	d'un *danger*	
	d'une *menace*	
	d'une *situation*	

Alarm schlagen ◇ Schwere
warnen ◇ rechtzeitig

Gefahr
Bedrohung
Lage

nous avons *eu*	une *nouvelle*	*alarmante*
	une *information*	*inquiétante*

erhalten ◇ Neuigkeit
alarmierend
Nachricht ◇ beunruhigend

s'inquiéter	d'une *nouvelle*
	du *manque d'organisation*
	des *événements*

sich Sorgen machen ◇ Nachricht
mangelnde Organisation
besondere Ereignisse

je m'inquiète	*beaucoup*	de la *tournure*
	énormément	du *cours*
je suis très *troublé* par		la tournure
		le cours
que les *événements* ont pris/e		

ich bin beunruhigt ◇ sehr ◇
Wendung ◇ sehr ◇ Lauf
verwirrt

(besondere) Ereignisse

3. Cause et conséquence

3.1. Cause (f.)

Ursache

motif (m.)	Anlass
raison (f.)	Grund
origine (f.)	Ursache
mobile (m.)	Beweggrund
source (f.)	Ursprung

cause		
	principale	wesentlich / Haupt-
	immédiate	unmittelbar
	réelle	tatsächlich
	apparente	scheinbar
	évidente	offensichtlich

causer	quelque chose	verursachen
provoquer		auslösen
donner lieu à		Anlass geben
être	*à l'origine de*	verursachen
	la source de	
	la cause de	
	le motif de	
	la raison de	

c'est pour cette raison que ... (+ indicatif)

une *maladresse*	est	la cause	de ce qui
une *distraction*		à l'origine	
un *malentendu*			
une *erreur*			
une *négligence*			

Ungeschicklichkeit
Zerstreutheit
Missverständnis
Irrtum
Nachlässigkeit

a *provoqué*	ce *malheur*
a *suscité*	cette *catastrophe*
a *entraîne*	cette *tragédie*
a *déclenché*	ce *désastre*
	ce *contretemps*
	ce *drame*

verursacht ◇ Unglück
ausgelöst ◇ Katastrophe
gebracht ◇ Tragödie
ausgelöst ◇ Desaster
Unannehmlichkeit
Drama

il faut	*découvrir*		entdecken
nous devons			
il est *important* de			wichtig
	analyser	*en détail*	ausführlich
	examiner	*avec attention*	untersuchen ◇ sorgfältig
	rechercher	*avec soin*	erforschen ◇ gründlich
	les causes	qui ...	
	les raisons		
	les motifs		

actuellement	*on ignore*			zur Zeit ◇ man kennt nicht
jusqu'à présent	on ne connaît pas			
aujourd'hui				
	totalement	les causes qui		völlig
	complètement			ganz und gar
	entièrement			ganz
		ont *provoqué*	quelque chose	hervorgerufen
		ont *occasionné*		veranlaßt
		ont *engendré*		verursacht

son *ignorance*		a été	la cause		Unwissenheit
sa *légèreté*		*constitue*	la raison		Leichtsinn ◇ ist
son *insouciance*					Sorglosigkeit
son *indiscrétion*					Aufdringlichkeit
son *manque*	de *connaissances*				Mangel ◇ Kenntnisse
	de *bon sens*				Menschenverstand
	d'*attention*				Aufmerksamkeit
principale	de ce qui s'est	*produit*			wesentlich ◇ geschehen
primordiale		*passé*			grundlegend ◇ passiert
fondamentale					grundlegend

c'est	la raison	pour laquelle/lequel ...	
	le motif	qui *explique* ...	erklärt
	la cause		

à cause de ...	wegen
par suite de ...	infolge

3.2. Motif (m.)

cause (f.)	Ursache
mobile (m.)	Beweggrund / Motiv
prétexte (m.)	Vorwand
raison (f.)	Grund

un motif	*sérieux*	ernsthaft
	important	wichtig
	justifié	begründet
	valable	berechtigt
	respectable	ehrwürdig
	convaincant	überzeugend

chercher	les motifs qui ont	*amené*	suchen ◇ gebracht
connaître		*poussé*	kennen ◇ geführt
		incité	angeregt
ne pas connaître		*obligé*	nicht kennen ◇ gezwungen
ignorer			nicht wissen
imaginer			vorstellen
alléguer			anführen
analyser			analysieren
examiner			untersuchen
rechercher			erforschen
taire			schweigen
quelqu'un à	*se comporter*	*de la sorte*	sich verhalten ◇ auf diese Art
	agir	*de cette manière*	so vorgehen
	se conduire		sich benehmen

avoir	*de bonnes raisons*	*pour faire qc*	gute Gründe haben ◇
	des motifs		etw. zu tun

je n'ai pas de	raison/s de *me plaindre*	mich zu beklagen
j'ai	mes	
	plus d'une	mehr als genug

3.3. **Facteur** (m.)   Faktor

cause (f.)   Ursache
élément (m.)   Bestandteil

| un facteur | *important* | | wichtig |
| | *décisif* | | ausschlaggebend |

énumérer	les *différents*	facteurs qui	anführen ◇ unterschiedlich
nommer	les *divers*		nennen ◇ verschieden
	interviennent dans	le *cours des choses*	eintreten ◇ Lauf der Dinge
	déterminent		beeinflussen / bestimmen

prendre en compte	la *portée*	d'un facteur	beachten ◇ Reichweite
tenir compte de	l'*importance*		achten auf ◇ Wichtigkeit
souligner	les conséquences		betonen
considérer			bedenken

| *donner* | *de l'importance* | à un facteur | Bedeutung beimessen |
| | une importance relative | | |

3.4. **Prétexte** (m.)   Vorwand

excuse (f.)   Ausrede
échappatoire (f.)   Vorwand
faux-fuyant (m.)   Ausrede
subterfuge (m.)   List

un prétexte	*peu*	*convaincant*	wenig ◇ überzeugend
	pas du tout		absolut nicht
	peu *plausible*		stichhaltig
	ridicule		lächerlich
	dérisoire		lachhaft

| un prétexte | *n'est pas convaincant* | | überzeugt nicht |
| | est *absurde* | | absurd |

donner un	prétexte	nehmen
chercher un		suchen
trouver un		finden
invoquer un		benutzen
se servir de quelque chose comme		etw. als Vorwand benutzen
prendre quelque chose comme		etw. zum Vorwand nehmen

sous prétexte	*de* (+ inf.)	unter dem Vorwand ... zu
	que ... (+ ind.)	unter dem Vorwand, dass

3.4. Conséquence (f.)

Konsequenz / Folge

résultat (m.)   Ergebnis
effet (m.)   Wirkung / Auswirkung
suite (f.)   Folge
séquelles (f. p.)   Folgeerscheinungen
contrecoup (m.)   Nachwirkung
réaction (f.)   Rückwirkung / Reaktion
retentissement (m.)   Auswirkung / Nachwirkung

une *décision*	*précipitée*		Entscheidung ◇ vorschnell
une *résolution*	*prise à la légère*		Entschluss ◇ unüberlegt
implique	des conséquences	*graves*	enthält ◇ schwerwiegend
a/entraîne		*désagréables*	bringt mit sich ◇ unangenehm
occasionne		*inespérées*	verursacht ◇ unerwartet
		imprévues	unvorhergesehen
		inévitables	unvermeidlich
		tragiques	tragisch
		fatales	verhängnisvoll
		catastrophiques	verheerend

tirer les conséquences	*logiques* de		ziehen ◇ logisch
	qui *découlent* de		sich ergeben
		un *principe*	Grundsatz / Prinzip
		une *décision*	Entscheidung

ce sont les conséquences	*inévitables* *logiques*	qui	unvermeidlich logisch
	découlent *proviennent* *viennent* *résultent*	de quelque chose	sich ergeben herkommen folgen herrühren

réfléchir	*sérieusement* *longuement*	aux conséquences	überlegen ◇ ernstlich gründlich
qui peuvent	*provenir* de être *occasionnées* par	un *fait*	herkommen ◇ Faktum verursacht

nous devons · *assumer* — auf sich nehmen
il n'y a pas d'autre alternative que de — es bleibt nichts anderes
il n'y a pas d'autre solution que de — übrig als
il faut · *supporter* — hinnehmen
il est | *nécessaire* de — erforderlich
| *indispensable* — unvermeidlich
| de notre *devoir* de — Pflicht

| *avec courage* *sciemment* | les conséquences | mutig ganz bewusst |

d'un *fait* — Tatsache
de la *résolution* | que nous avons *prise* — Entschluss ◇ gefasst
de la *décision* — Entschluss
de l'*erreur* | que nous avons *commise* — Irrtum ◇ unterlaufen
de la *faute* — Fehler ◇ begangen

accepter *assumer* asumer *pleinement*	les conséquences de la *responsabilité* de	ses *actes*	hinnehmen ◇ Handeln übernehmen ◇ Verantwortung voll und ganz

par conséquent ... — folglich
en conséquence ...
donc ...
pour cette raison ...
il s'en suit/il s'ensuit que ... — das hat zur Folge

3.6. Déduction (f.)   Folgerung

conclusion (f.)   Schlussfolgerung
conséquence (f.)   Folge

une déduction	*logique*	logisch
une conclusion	*exacte*	exakt
	fausse	falsch
	erronée	falsch
	hâtive	vorschnell

faire des déductions	à partir de quelque chose	Schlüsse ziehen
tirer des conclusions	de quelque chose	

nous devons	*en conclure*	*que . . .*	wir müssen daraus schließen,
	en déduire	(+ indic.)	dass
	arriver à la conclusion		

en conséquence . . .	folglich
en tout et pour tout . . .	alles in allem
tout compte fait . . .	letzten Endes
finalement	abschließend
somme toute	alles in allem
en somme	schließlich
en conclusion . . .	kurz und gut / abschließend
pour conclure	abschließend
en fait . . .	im Grunde

3.7. Implications (f. p.)   Auswirkungen

retombées (f. p.)   Auswirkungen
séquelles (f. p.)   Nebenwirkungen

cette *décision*		des conséquences	Entscheidung
ce *fait*	*comporte*		Tatsache ◇ beinhaltet
	implique		bringt mit sich
	inévitables		unausbleiblich

n'oublions pas	les possibles implications	vergessen wir nicht
prenons en compte		beachten wir
tenons compte de		bedenken wir
réfléchissons à		denken wir nach

	d'une	résolution	Entschluss
		décision	Entscheidung
		affirmation	Behauptung
		accusation	Beschuldigung / Anschul-
		prise de position	digung ◇ Stellungnahme

3.8. Effet (m.)

Wirkung

conséquence (f.) — Folge
résultat (m.) — Ergebnis
suites (f. p.) — Folgen

un effet	extraordinaire	außergewöhnlich
	surprenant	überraschend
	spectaculaire	aufsehenerregend
	instantané	sofortig
	immédiat	unverzüglich
	foudroyant	ungeheuer
	inespéré	unerwartet
	inattendu	ungeahnt
	rétroactif	rückwirkend
	contraire	gegensätzlich

faire de l'effet	Wirkung haben / wirken

avec	les *mesures* qui ont été *prises*	Maßnahmen ◇ ergriffen
	les *techniques* qui ont été *appliquées*	Techniken ◇ angewendet

	on a *obtenu*	complètement	erzielt ◇ weitgehend
		largement	reichlich
		entièrement	gänzlich

l'effet	que *l'on espérait*		erwartet wurde
	sur lequel *on comptait*		gerechnet wurde
	qui *avait été*	*prévu*	vorgesehen wurde
		attendu	erwartet
		programmé	programmiert

les *effets*	de cette *stratégie*		Folgen ◇ Taktik
	mesure		Maßnahme
ne se sont pas fait attendre			blieben nicht aus

3.9. Résultat (m.)

Ergebnis

conséquence (f.)	Folge
effet (m.)	Wirkung
fruit (m.)	Ergebnis
issue (f.)	Ausgang
solution (f.)	Lösung
produit (m.)	Ertrag
suites (f. p.)	Folgen

un résultat	*positif*	positiv
	satisfaisant	befriedigend
	formidable	großartig
	négatif	negativ
	lamentable	kläglich
	décevant	enttäuschend
	inespéré	unerwartet

| *anticiper* | un résultat | voraussagen |
| *prévoir* | | voraussehen |

mener un projet	*à bien*	zu einem guten Ende bringen
	à terme	
	à bonne fin	

atteindre	un *objectif*		erreichen ◇ Ziel
	un but		
obtenir des *résultats*			Ergebnisse erzielen

ce *projet*	n'a *abouti à rien*	Projekt ◇ zu nichts geführt
cette *expérience*	n'a *donné aucun résultat*	Versuch ◇ erfolglos geblieben
	n'a pas *répondu* à nos *attentes*	entsprochen ◇ Erwartungen

analyser	objectivement	les résultats	analysieren ◇ sachlich
examiner	avec calme		untersuchen ◇ in Ruhe
commenter			auslegen
	longuement		ausführlich
	attentivement		gründlich
		des *démarches*	Schritte
		des *conversations*	Gespräche
		des *négociations*	Verhandlungen

vos	propositions	sont	avantageuses	Vorschläge ◇ vorteilhaft
	conditions		inintéressantes	Bedingungen ◇ uninteressant
			inacceptables	unannehmbar
			absurdes	absurd

3.10. Efficacité (f.)/Inefficacité (f.)

Wirksamkeit / Unwirksamkeit

force (f.)   Kraft
rendement (m.)   Effizienz
utilité (f.)   Nutzen / Nützlichkeit

être	très	efficace	wirkungsvoll / effizient
		utile	nützlich
manquer d'efficacité			nicht effektiv sein

croire en	l'efficacité de quelque chose	glauben
vanter		loben
douter de		in Zweifel ziehen

une *mesure*	est *extrêmement* efficace	Maßnahme ◇ äußerst
une *organisation*		Organisation
un *moyen*		Mittel
une *méthode*		Methode
un *remède*		Abhilfe

3.11. Succès (m.)

Erfolg

réussite (f.)   Gelingen / Erfolg
triomphe (m.)   Triumph
victoire (f.)   Sieg

un succès	*assuré*	sicher
	formidable	großartig
	fou	riesig
	spectaculaire	Aufsehen erregend
	extraordinaire	außergewöhnlich
	époustouflant	verblüffend
	étonnant	erstaunlich
	incroyable	unglaublich
	inespéré	unerwartet
	immédiat	unmittelbar

avoir	*du succès*	Erfolg haben
avoir	*beaucoup de succès*	sehr erfolgreich sein
avoir	*un succès monstre*	ein Bombenerfolg sein
obtenir	*des succès*	Erfolge erzielen
remporter		erringen

s'imposer		sich durchsetzen
être	*sur le chemin du succès*	auf dem Weg zum Erfolg
surmonter	*les obstacles*	überwinden ◇ Hindernisse
remporter	un *triomphe*	Triumph ◇ erleben
	une *victoire*	Sieg
triompher	*contre vents et marées*	allen Hindernissen zum Trotz

nous avons *atteint*	nos *objectifs*		Ziele ◇ erreicht
	le but *fixé*		vorgenommen

la chance nous sourit	das Glück ist uns hold

son *expérience*	*garantit*	le succès	Erfahrung ◇ garantiert
sa *compétence*			Kompetenz
son *opiniâtreté*			Beharrlichkeit
sa *ténacité*			Ausdauer

son *incompétence*	*entrave*	le succès	Inkompetenz ◇ erschwert
son *manque d'intérêt*			mangelndes Interesse
sa *passivité*			Passivität

3.12. Echec (m.)   Misserfolg

fiasco (m.)   Niederlage
four (m.)   Misserfolg
faillite (f.)   Scheitern
désastre (m.)   Desaster / Katastrophe

ce *plan*	a *avorté*	Vorhaben ◇ gescheitert
cette *tentative*	a *échoué*	Versuch ◇ gescheitert
cet *essai*	a *tourné court*	Versuch ◇ fehlgeschlagen
cette *expérience*	a *tourné en eau de boudin*	kläglich gescheitert
ces *négociations* ont échoué		

	par manque de moyens	mangels Mittel
	à cause de difficultés	*imprévues*	wegen ◇ unerwartet
		inopinées	

prévoir	un échec	voraussehen
subir		erleiden
éviter		vermeiden
surmonter		überstehen
regretter		bedauern
essuyer		erleiden

être	*responsable* d'un échec	verantwortlich sein
rendre qn		verantwortlich machen

endosser	la *responsabilité* d'un échec	Verantwortung ◇ auf sich
assumer		nehmen ◇ übernehmen

faire retomber la faute d'un échec sur quelqu'un	geben ◇ Schuld
accuser quelqu'un d'un échec	beschuldigen

rejeter sur quelqu'un	la *responsabilité* d'un échec	abwälzen ◇ Verantwortung
décliner		ablehnen

4. Arguments

4.1. Argumentation (f.)

Beweisführung

raisonnement (m.) Gedankengang / Argumentation
démonstration (f.) Beweisführung
preuve (f.) Beweis

une argumentation	*logique*	logisch
un raisonnement	*convaincant/e*	überzeugend
une démonstration	*concluant/e*	schlüssig
	inductif/ve	induktiv
	déductif/ve	deduktiv
	sans faille	hieb- und stichfest
	solide	stichhaltig

| une argumentation qui | *convainc* | überzeugt |
| | *persuade* | zufrieden stellt |

une argumentation qui	*s'appuie sur*	stützt sich auf
	se fonde sur	basiert auf
	repose sur	basiert auf
des *hypothèses*	*valables*	Annahmen ◇ annehmbar
des *suppositions*	*erronées*	Vermutungen ◇ falsch

4.2. Argument (m.)

Argument

raison (f.) Grund
preuve (f.) Beweis

un argument	*concluant/e*	schlüssig
une preuve	*irréfutable*	unwiderlegbar
	convaincant/e	überzeugend
	peu convaincant/e	wenig überzeugend
une raison	*discutable*	anfechtbar
	insuffisant/e	schwach
	valable	gültig

argumenter	en faveur de pour *soutenir* contre pour *réfuter*	une *thèse* une *théorie* une *proposition* un *projet*	argumentieren ◇ These verteidigen ◇ Theorie Vorschlag widerlegen ◇ Projekt

exposer *alléguer* *développer* *présenter*	des arguments des raisons	pour	*démontrer* *prouver*		vortragen ◇ beweisen anführen ◇ beweisen darlegen vorbringen
la *nécessité* l'*urgence*	d'une réforme d'une restructuration d'un *changement*		radical/e		Notwendigkeit Dringlichkeit Wechsel

prouver *démontrer*	que … (+ indic.)	beweisen aufzeigen

4.3. Types (m. p.) d'arguments

Art von Argumenten

les arguments	*employés* *avancés*	dans le *rapport* dans l'*article* dans l'*exposé* dans le texte par l'auteur	angewandt ◇ Bericht angeführt ◇ Artikel Referat
sont	exclusivement *pour la plupart* *en partie* *essentiellement* presque tous	d'*ordre*	*psychologique* *sociologique* *économique* *moral* *politique*	Art ◇ psychologisch größtenteils ◇ soziologisch teilweise ◇ wirtschaftlich vor allem moralisch politisch

le *rapporteur* l'auteur	de l'article du texte	*emploie* *utilise* *a recours à*		Referent ◇ führt an wendet an benützt
	des arguments de *nature*	*sentimentale* *pathétique*		Art ◇ gefühlsbetont pathetisch

les arguments sont	disposés		die Argumente sind angeordnet
	exposés		
	classés		
par ordre	croissant		in steigender / fallender
	décroissant		Progression

4.4. Fondement (m.)

Begründung

base (f.)

Grundlage

pour	étayer	mon *argument*		begründen ◇ Argument
		mon *affirmation*		Behauptung
	renforcer	ce que je viens	de dire	bekräftigen
	fonder		d'*exposer*	begründen ◇ darlegen
	prouver			beweisen
	je vais	*mentionner*	quelques *exemples*	erwähnen ◇ Beispiele
	j'aimerais	citer		nennen

l'auteur	s'appuie sur	une *autorité en la matière*	stützt sich auf ◇
le *rapporteur*	invoque		Autorität auf dem Gebiet
l'*orateur*	cite		Referent ◇ beruft sich auf
			Redner ◇ zitiert

ses arguments	se fondent		basieren
	s'appuient		stützen sich
	sur une *théorie*		Theorie
	sur l'*opinion*	d'un *scientifique*	Meinung ◇ Wissenschaftler
		d'un *philosophe*	Philosoph

une hypothèse	repose	sur des *arguments*	beruht ◇ Grundlage
	s'appuie		stützt sich
	est fondée		beruht
		solides	solide
		peu consistants	schwach

asseoir	une théorie sur une *base solide*	aufstellen ◇ Basis ◇ fest
fonder		stützen

consolider	une théorie	verankern
	une hypothèse	

établir	comme principe une *doctrine* ...	zugrunde legen ◇ Lehre
instituer		einsetzen
poser		stellen
partir d'une doctrine ...		ausgehen

4.5. Point de départ (m.)   Ausgangspunkt

base (f.)   Grundlage
fondement (m.)   Ansatz
supposition (f.)   Annahme

une *idée*	*constitue*	Gedanke ◇ ist
un *principe*		Prinzip
une *expérience vécue*		gemachte Erfahrung
une *anecdote*		Anekdote
un *proverbe*		Sprichwort
le point de départ	de l'*argumentation*	Argumentation
la base	du *raisonnement*	Beweisführung
	d'un *politicien*	Politiker
	d'un *écologiste*	Umweltschützer
	d'un *sociologue*	Soziologe
	d'un *commentateur*	Kommentator

mettre en doute	une *affirmation*	in Frage stellen ◇ Behaup-
réfuter	une *preuve*	tung ◇ widerlegen ◇ Beweis
rejeter		zurückweisen
refuser		ablehnen

une preuve / un argument	est fondé/e sur / s'appuie	des *suppositions* / des *prémisses*	basiert auf ◇ Annahmen / gründet sich ◇ Prämissen
		inadmissible / *inacceptables*	unzulässig / unannehmbar

je considère / j'estime / je *juge*	totalement / complètement	*nécessaire* de / *indispensable* de	ich halte für ◇ absolut / notwendig ◇ ich betrachte / als ◇ völlig ◇ unentbehrlich / ich halte für
	mettre en doute / *réfléchir* à (ce/cette) / *discuter* de	le *principe* / l'*affirmation*	in Frage stellen ◇ Prinzip / nachdenken ◇ Behauptung / diskutieren
qui *sert* de	point de départ à / base à		dient
		vos *considérations* / vos *observations* / vos *arguments*	Erwägungen / Anmerkungen / Argumente

4.6. Thèse (f.)

These

affirmation (f.) Behauptung
théorie (f.) Theorie
doctrine (f.) Lehre

une thèse / une affirmation	*plausible* / *convaincante* / *vraisemblable* / *invraisemblable* / *irréfutable*	einleuchtend / überzeugend / glaubhaft / unwahrscheinlich / unwiderlegbar

formuler / *défendre* / *exposer* / *avancer* / *soutenir* / *prouver* / *combattre* / *réfuter* / *contester*	une thèse	formulieren / verteidigen / vortragen / vorbringen / verteidigen / beweisen / angreifen / widerlegen / bestreiten

d'après moi	vous avez *voulu*	dans votre *discours*	meiner Meinung nach ◇ Rede
à mon avis		dans votre *allocution*	Ansprache
		dans votre *exposé*	Referat
		dans vos *explications*	Erklärungen
	démontrer que … (+ indic.)		

la thèse d'un	*invité*	*déclenche*	Gast ◇ löst aus
	expert	*est à l'origine de*	Fachmann ◇ verursacht
	rapporteur	*soulève*	Referent ◇ wirft auf
	politicien		Politiker
une	*discussion*	*intéressante*	Diskussion ◇ interessant
	controverse	*passionnée*	Auseinandersetzung
		acharnée	erbittert ◇ hart
		interminable	endlos

4.7. Syllogisme (m.)

Syllogismus

argumentation (f.) **syllogistique**
raisonnement (m.)
méthode (f.)
déduction (f.)

syllogistische Argumentation
Beweisführung
Methode
Ableitung

employer	une argumentation syllogistique
se servir de	un syllogisme
utiliser	
recourir à	

anwenden
benützen
gebrauchen
gebrauchen

une *prémisse* contient une vérité	*incontestable*
	irréfutable

Prämisse ◇ unbestreitbar
unwiderlegbar

ce que vous	*déduisez* de	votre argumentation
	concluez de	votre raisonnement
	n'est pas *contenu* dans	les *prémisses*
	n'est pas conforme à	

ableiten
folgern

beinhaltet ◇ Prämissen

4.8. Adversaire (m.)   Gegner

rival (m.)   Rivale
opposant (m.)   Opponent / Gegner
ennemi (m.)   Feind
concurrent (m.)   Gegner
antagoniste (m.)   Gegner

utiliser	les *arguments*	de l'adversaire
se servir de	*l'argumentation*	
employer		
mentionner		
citer		

anwenden ◇ Argumente
sich bedienen ◇ Beweisführung
verwenden
erwähnen
zitieren

approuver	*l'argumentation*	de qn
commenter	les arguments	
être d'accord avec		
critiquer		
émettre des réserves à		
être	*réticent*	face à
	sceptique	
rejeter		
contester		
s'opposer à		
réfuter		

zustimmen
kommentieren
beipflichten
kritisieren
Vorbehalte äußern
reserviert
skeptisch
ablehnen
widerlegen
sich widersetzen
widerlegen

je reconnais	*parfaitement*	la *valeur*
j'admets	sans *contestation*	la qualité
j'accepte		

ich erkenne an ◇ völlig ◇
Wert ◇ ich gebe zu ◇ Widerrede ◇ ich akzeptiere

de son *argumentation*
de ses *arguments*
de son *raisonnement*

Argumentation
Argumente
Argumentation

il ne m'est pas *possible* de	*accepter*
il m'est *impossible* de	*arriver à comprendre*
je ne peux	

möglich ◇ akzeptieren
unmöglich ◇ verstehen

ses *arguments*
son *argumentation*
ses *preuves*

Argumente
Argumentation
Beweise

4.9. Objection (f.)

Einwand

observation (f.)	Bemerkung
réplique (f.)	Erwiderung
critique (f.)	Einwand
contestation (f.)	Beanstandung
réfutation (f.)	Widerlegung
opposition (f.)	Einwand
protestation (f.)	Einspruch

objecter de bonnes raisons	à	quelqu'un	einwenden
	contre	quelque chose	

faire	des *objections* contre	quelqu'un	Einwände erheben
émettre		quelque chose	vortragen

présenter	une objection	vorbringen
formuler	une *observation*	formulieren ◇ Bemerkung

une objection	*de poids*	schwerwiegend
	capitale	sehr wichtig
	pertinente	angebracht
	ridicule	lächerlich
	absurde	absurd
	difficile à *réfuter*	widerlegen

permettez-moi de	*formuler*	quelques	objections	erlauben Sie mir ◇ äußern
je dois	*exprimer*		observations	vortragen
	exposer			aussprechen
	sur ce qui	s'est *dit*		gesagt
		a été *proposé*		vorgeschlagen

prévoir	une objection	vorwegnehmen
aller au devant de		vorgreifen

je n'ai	rien à	*objecter*	à vos *affirmations*	einwenden ◇ Ausführungen
il n'y a		*ajouter*		hinzusetzen
		répliquer		entgegnen

j'aimerais	*exposer*	quelques	critiques	vorbringen
je voudrais			*objections*	Einwände
	faire		*remarques*	Bemerkungen
			restrictions	Einschränkungen
en ce qui concerne	le deuxième *point*			betreffend ◇ Punkt
	la *réalisation*	de cette idée		Ausführung
	l'*application*	de ce principe		Anwendung

l'*objecteur*	est resté sans	*réponse*	Opponent ◇ Antwort
	n'a pas *obtenu* de		erhalten

un point	n'a pas été	*élucidé/e*	geklärt
une objection	n'a pas été	*éclairci/e*	geklärt
	n'a pas été	*expliqué/e*	erklärt

4.10. Réfutation (f.)

Widerlegung

contestation (f.) Bestreiten
réplique (f.) Erwiderung

réfuter	avec des arguments	*convaincants*	widerlegen ◇ überzeugend
attaquer		*de poids*	zurückweisen ◇ schwerwiegend
	la *thèse adverse*		Gegenthese
	les *objections* qui ont été *formulées*		Einwände ◇ vorgetragen

répondre à	des objections	*en disant*	que . . .	antworten ◇ indem man sagt
répliquer à		*en précisant*	(+ indic.)	erwidern ◇ erklärt
		en *observant*		bemerkt
prévenir		en *ajoutant*		vorwegnehmen ◇ hinzufügt

les *objections éventuelles* sont *réfutées d'avance*		Einwände ◇ etwaig ◇ im voraus widerlegt

le *rapporteur*	a *essayé* de	Referent ◇ versucht
l'*auteur*	a *tenté* de	Verfasser ◇ beabsichtigt

éliminer	des objections	beseitigen
écarter		beseitigen
supprimer		aus dem Weg räumen
couper court à		vorbeugen gegen
éviter		vermeiden
parer à		entgegentreten

par l'intermédiaire de	une *question rhétorique*	mit / durch ◇ rhetorische
au moyen de		Frage ◇ mittels
à l'aide de		mit Hilfe

avant de	*passer* à	le *thème*	suivant	übergehen ◇ Thema
	aborder	le *point*		in Angriff nehmen ◇ Punkt

j'aimerais	*répondre* à	les objections	ich möchte ◇ antworten
je voudrais	*élucider*	les *observations*	erklären ◇ Bemerkungen
		les *critiques*	Kritik
		les *remarques*	Anmerkungen
que vous *estimez nécessaires*			erachten ◇ notwendig

4.11. Conclusion (f.)

Schlussfolgerung

conséquence (f.) — Folge / Konsequenz
déduction (f.) — Folgerung / Ableitung
résultat (m.) — Ergebnis
issue (f.) — Ausgang
solution (f.) — Lösung

déduire	la conclusion de quelque chose	ableiten
tirer		ziehen

déduire une conséquence de quelque chose	ableiten

tirer	les conclusions	*logiques*	logisch
déduire		*pertinentes*	passend
	d'une discussion		
	de *réflexions*		Überlegungen
	d'une *argumentation*		Argumentation
	d'un *raisonnement*		Überlegung
	de *considérations*		Betrachtungen

je veux	*terminer*	mon *discours*	beenden ◇ Vortrag
	conclure		beenden
	achever		beenden
en vous invitant à	tirer les *conclusions*	indem ich Sie einlade	
en vous *exhortant* à	en venir aux conclusions	auffordere ◇ Schlussfolgerungen	
en vous *priant* de		biete	

5. Attitude

5.1. Sympathie (f.)

Sympathie

affection (f.)	Zuneigung
prédilection (f.)	Vorliebe
cordialité (f.)	Herzlichkeit
bienveillance (f.)	Wohlwollen
amitié (f.)	Freundschaft
estime (f.)	Ansehen / Achtung

sympathiser avec | quelqu'un	sympathisieren mit ◇ sich
pouvoir s'identifier à |	identifizieren können

avoir | *de la sympathie* | pour quelqu'un |	sympathisch finden
éprouver	sympathisch finden
ressentir	sympathisch finden
inspirer | à quelqu'un |	sympathisch sein
à cause de | sa *simplicité*	Natürlichkeit
sa *discrétion*	Diskretion
son *comportement*	Verhalten

avoir | *de l'amitié* | *pour quelqu'un*	jemandem zugetan sein
de l'estime	jemanden schätzen
de l'affection |	jemandem zugetan sein

les *expressions qu'il emploie*	verwendete Ausdrücke
sa *façon de* | parler	Ausdrucksweise
| s'exprimer	
| *reflète/ent* | la sympathie | qu'il ressent pour . . .	spiegeln wider
l'affection	
| *révèle/ent* | l'admiration	zeigen
le *respect* | qu'il témoigne à . . .	Hochachtung
l'estime | qu'il a pour . . .	

je veux	vous *remercier pour/de*		danken für
	vous *exprimer*	ma *reconnaissance* pour	ausdrücken ◇ Dankbarkeit
		ma *gratitude* pour	

| l'enthousiasme | avec lequel vous avez *accueilli* | aufgenommen |
| | que vous avez *manifesté* pour | bekundet |

| | notre *proposition* | Vorschlag |
| | nos *projets* | Projekt |

5.2. Solidarité (f.)

Solidarität

adhésion (f.) — Zustimmung
appui (m.) — Beistand
aide (f.) — Hilfe
soutien (m.) — Beistand
entraide (f.) — gegenseitige Hilfe
assistance (f.) — Hilfe
collaboration (f.) — Mitarbeit

se déclarer solidaire de	quelqu'un	sich solidarisch erklären
se sentir solidaire de		sich solidarisch fühlen
faire cause commune avec		gemeinsame Sache machen

| *prendre parti* | pour quelqu'un | Partei ergreifen |
| | pour quelque chose | |

| avoir | une *prédilection* pour | quelqu'un | Vorliebe |
| | une *préférence marquée* pour | quelque chose | Vorliebe ◇ ausgeprägt |

encourager	un *plan*	fördern ◇ Plan
défendre	un *projet*	verteidigen ◇ Vorhaben
	une *idéal*	Ideal
soutenir	un *idée*	unterstützen ◇ Idee

| *se prononcer* | *en faveur de* quelque chose | sich aussprechen ◇ für |
| *se déclarer* | | Zustimmung äußern |

être partisan	d'une *réforme sociale* d'un *changement radical*	befürworten ◇ soziale Reform radikale Änderung

je ne peux pas il m'est *absolument impossible*	me solidariser avec d'être solidaire avec	 völlig unmöglich
la *cause* l'*idéologie*	que vous *soutenez* que vous *défendez*	Sache ◇ vertreten Ideal ◇ verfechten

nous regrettons *nous déplorons*	le *manque de solidarité*	wir bedauern ◇ fehlende Soli- darität ◇ wir bedauern
avec les *victimes* de cette *catastrophe*	Opfer ◇ Katastrophe

5.3. Respect (m.)

Respekt

considération (f.)   Achtung
vénération (f.)   Verehrung
admiration (f.)   Bewunderung
égards (m. p.)   Rücksicht

avoir	du respect pour de la considération pour des égards pour	quelqu'un	zeigen
honorer *vénérer*			ehren verehren

traiter quelqu'un *avec beaucoup de respect*	sehr respektieren

avec respect *par respect pour* quelqu'un/quelque chos) *sans respect de* une *marque de respect* le *respect de la vie*	respektvoll aus Achtung vor ohne Rücksicht auf Zeichen der Ehrerbietung Achtung vor dem Leben

manquer de respect *témoigner du respect*	envers à	quelqu'un	sich respektlos benehmen Achtung erweisen

5.4. Défense (f.)   Verteidigung

protection (f.)	Schutz
appui (m.)	Unterstützung
soutien (m.)	Beistand
secours (m.)	Hilfe / Beistand
aide (f.)	Hilfe
sauvegarde (f.)	Schutz / Wahrung

défendre	*avec ténacité*	une *cause*	beharrlich ◇ Sache
	avec courage	un idéal	mutig
	avec obstination	une doctrine	beharrlich
	avec fermeté	ses convictions	unnachgiebig
	avec acharnement		leidenschaftlich

défendre qn contre	les *accusations*	*non fondés*/es	Beschuldigungen ◇ unbegründet
	les *reproches*	*injustes*	Vorwürfe ◇ ungerecht
	les *diffamations*		Verleumdungen
	des *calomnies*		Verleumdungen
dont il/elle fait l'objet			gegen ihn/sie richten

plaider	*en faveur de*	quelqu'un	sich einsetzen für
intercéder			sich einsetzen für
intervenir			eintreten
se faire le défenseur	de quelque chose		sich einsetzen für
	d'une cause		

défendre	les *intérêts*	d'un groupe	wahren ◇ Interessen
		des *clients*	Kunden
		des *consommateurs*	Verbraucher
		d'une *région*	Gebiet
sauvegarder	les *droits*	de quelqu'un	schützen ◇ Rechte

l'orateur	a *défendu courageusement* les victimes		verteidigt ◇ mutig
	a pris	la défense	des *victimes*	Opfer
	est *intervenu*	*en faveur*	sich eingesetzt ◇ für
	a *parlé*	*en faveur*	das Wort ergriffen ◇ zugunsten

être	pour	la *proposition* qui a été faite	befürworten ◇ Vorschlag
	partisan de	la *libéralisation* du marché	befürworten ◇ Liberalisierung
		mesures radicales	radikale Maßnahmen
		réformes sociales	soziale Reformen

5.5. Accord (m.)

Einverständnis / Zustimmung

conformité (f.) — Übereinstimmung
entente (f.) — Übereinkunft
harmonie (f.) — Übereinstimmung
consentement (m.) — Einwilligung / Zustimmung
connivence (f.) — heimliches Einverständnis
autorisation (f.) — Genehmigung
union (f.) — Zusammenschluss

admettre	l'*argumentation* de	quelqu'un	akzeptieren ◇ Argumentation
approuver	les *arguments* de		bejahen ◇ Argumente
adhérer à	l'*opinion*		zustimmen ◇ Meinung
	une *thèse*		These
	une *proposition*		Vorschlag

être d'accord avec	quelque chose	einig sein
	quelqu'un	einverstanden sein

accepter une *proposition*	billigen ◇ Vorschlag

se déclarer d'accord	sich einverstanden erklären
se montrer d'accord	sich einverstanden erklären
se mettre d'accord	sich einigen
tomber d'accord	sich einigen
arriver à un accord	zu einer Einigung kommen

donner	son aval	unterstützen
	son consentement	
	son accord	
	son approbation	billigen
	son assentiment	zustimmen

5.6. Intérêt (m.)

Interesse

attrait (m.)
importance (f.)
attirance (f.)

Anziehungskraft
Wichtigkeit / Bedeutung
Anziehungskraft

manifester	*un grand*	*intérêt*
montrer	beaucoup de	
offrir	peu de	

großes Interesse bekunden
zeigen
bieten

une question	*présente beaucoup d'intérêt*
une information	*ne manque pas d'intérêt*
un problème	*m'intéresse* *beaucoup*
	énormément
	au plus haut point

ist von großem Interesse
ist nicht uninteressant
interessiert mich ◇ sehr
außerordentlich
in hohem Maße

ce que *vous venez*	*de dire*
	d'affirmer
	d'expliquer

Sie gerade gesagt haben
behauptet haben
erklärt haben

m'intéresse beaucoup
est pour moi du plus grand intérêt
a une importance capitale
est de la plus haute importance

interessiert mich sehr
ist sehr interessant für mich
ist von größter Wichtigkeit
ist höchst bedeutsam

s'intéresser à	*une question*
	un problème
	un sujet/thème

sich interessieren ◇ für eine
Frage ◇ für ein Problem
für ein Thema

cela m'intéresse de *savoir*	où ...
	quand ...
	comment ...
	qui ...
	pourquoi ...
	de qui

es interessiert mich ◇ wissen

ce thème cette question	n'a pas d'intérêt manque d'intérêt est dénué/e d'intérêt est sans intérêt	ist nicht interessant ist uninteressant ist völlig uninteressant ist uninteressant

5.7. Etonnement (m.) — Erstaunen

émerveillement (f.)	höchste Verwunderung
admiration (f.)	Staunen
stupeur (f.)	Entsetzen
stupéfaction (f.)	höchstes Erstaunen
ahurissement (m.)	Verblüffung
surprise (f.)	Überraschung
ébahissement (m.)	Verblüffung

la tournure qu'ont pris les événements le cours des choses le succès obtenu l'intérêt suscité		Entwicklung Lauf der Dinge Erfolg
est	surprenant/e étonnant/e incroyable	überraschend überraschend unglaublich

la surprise l'indignation la stupeur la colère	provoquée suscitée	par cette décision cette résolution cette déclaration	ausgelöst verursacht Entschluss Aussage
est	inconcevable incompréhensible		unvorstellbar unbegreiflich

nous sommes surpris	de ce résultat par ce résultat		
	en constatant en nous rendant compte en voyant	que (+ indic.)	feststellen

| par les compétences |
| par l'habilité |

dont vous avez fait preuve lors de la solution
de ce problème

être agréablement surpris		angenehm überrascht sein
être surpris	que ... (+ subj.)	sich wundern
	de ... (+ inf.)	

---

cela	*m'étonne*	beaucoup	que ...
	me surprendrait	énormément	(+ subj.)

es wundert mich
es würde mich wundern

---

cela ne me surprend	*nullement*	que ...
	absolument pas	(+ subj.)
	pas du tout	

es wundert mich gar nicht
durchaus nicht
gar nicht

---

le *comportement*	de quelqu'un	*cause*
la *façon*	*de se comporter*	*suscite*
	de se conduire	*produit*
	d'agir	*provoque*

Verhalten ◇ verursacht
Benehmen ◇ ruft hervor
Betragen ◇ verursacht
Vorgehen ◇ verursacht

un étonnement *profond*

tief

5.8. Réserve (f.)

Vorbehalt / Zurückhaltung

prudence (f.)   Vorsicht
précaution (f.)   Vorsicht
réticence (f.)   Verschweigung
méfiance (f.)   Mißtrauen

---

douter de	*quelqu'un*
se méfier de	
se défier de	
ne pas avoir confiance en	

an jemandem zweifeln
jemandem mißtrauen
mißtrauen
jemanden nicht vertrauen

---

douter de	la *bonne volonté*	de quelqu'un	guten Willen ◇ in Zweifel
mettre en doute	la *sincérité*		ziehen ◇ Aufrichtigkeit
	la *franchise*		Offenheit

éprouver quelque réserve vis à vis de quelqu'un	sich etwas zurückhaltend geben
se montrer quelque peu réservé face à quelque chose	

ne pas donner	son *opinion*	sur	quelqu'un	Meinung
s'abstenir de donner	son *avis*		quelque chose	sich enthalten ◇ Meinung

éviter	de prendre une	*position* personnelle	vermeiden
	une *prise de*		Stellungnahme

s'abstenir de prendre position	sich der Stellungnahme enthalten

se prononcer	*ni pour ni contre*	*quelque chose*	sich weder für noch
se déclarer			gegen etwas aussprechen

5.9. Indifférence (f.)

Gleichgültigkeit

apathie (f.) Teilnahmslosigkeit
passivité (f.) Passivität
froideur (f.) Gefühllosigkeit / Kälte
désintérêt (m.) Desinteresse
flegme (m.) Gelassenheit
indolence (f.) Gleichgültigkeit
insensibilité (f.) Unempfindlichkeit

une indifférence	*absolu*/e	absolut
une apathie	*total*/e	völlig
une froideur	*incompréhensible*	unfassbar / unbegreiflich
une passivité		
un désintérêt		
un flegme		

manifester une	grande indifférence		kundtun
faire preuve d'une			zeigen
feindre une			vortäuschen

se montrer	*indifférent*	sich zeigen ◇ gleichgültig
rester	*impassible*	bleiben ◇ ungerührt
	froid	ungerührt

manifester	un *manque* d'*intérêt* pour	quelque chose	Mangel ◇ Interesse
	de la froideur face à		
	de l'*impassibilité* face à		Ungerührtheit

adopter une	*attitude*	indifférente	einnehmen ◇ Haltung
	position		Einstellung / Verhalten

laisser de côté	quelque chose
ne pas se préoccuper de	
faire la sourde oreille à	
ignorer	
laisser tomber	

beiseite lassen
sich nicht kümmern
nicht beachten
hinwegsehen
aufgeben

traiter	quelqu'un avec beaucoup	d'indifférence	behandeln
recevoir		de froideur	empfangen

cela m'est	*complètement*	égal que (+ ... subj.)	völlig
	entièrement		ganz

5.10. Mépris (m.)

Geringschätzung / Verachtung

dédain (m.)
arrogance (f.)

Verachtung
Anmaßung

mépriser	quelqu'un
dédaigner	

missachten
verachten

se moquer	*de* quelque chose *de* quelqu'un	spotten über

ironiser sur *ridiculiser* *tourner en ridicule*	quelque chose	Spott treiben lächerlich machen ins Lächerliche ziehen

manifester du mépris	envers quelqu'un vis-à-vis de quelqu'un pour quelque chose	verachten

ridiculiser *mépriser*	d'autres *points de vue*	lächerlich machen ◇ Standpunkte gering schätzen

manifester	son *aversion* son *antipathie* un profond mépris son *inimitié*	pour quelqu'un	äußern ◇ Abneigung Antipathie Feindschaft

5.11. Reproche (m.)

Vorwurf / Tadel

remontrances (f. p.) — Vorhaltungen
admonestation (f.) — Mahnung / Verwarnung
réprimande (f.) — Rüge
grief (m.) — Vorwurf
semonce (f.) — Verweis
blâme (m.) — Tadel

souligner que	la *conduite* le *comportement* l'*attitude*	Verhalten deutlich machen ◇ Benehmen Haltung
	de quelqu'un est *répréhensible*	verwerflich

reprocher à quelqu'un	vorwerfen
quelque chose d'avoir fait quelque chose de ne pas avoir fait quelque chose	

| les reproches
les admonestations | qui *lui ont été faits*/es
qu'on *lui a adressés*/es
dont il *a été l'objet* | an ihn gerichtet worden
sind
widerfahren ist |
| | sont trop *sévères*
sont *injustes*
n'ont pas de *fondement* | hart
ungerecht
Grund |

nous ne pouvons *absolument pas*		*tolérer* *approuver*		gar nicht ◇ dulden billigen
	l'arrogance le *pédantisme* *l'orgueil* *l'effronterie* le *manque*	*de respect* *de considération*	que l'*on*	*remarque* *constate*	Arroganz ◇ durchscheint schulmeisterliche Art ◇ feststellt Hochmut Dreistigkeit Respektlosigkeit Rücksichtslosigkeit
			dans ses *paroles* dans ses *explications* dans ses *commentaires*	Worte Erklärungen Kommentare

| *adresser* | une critique
un reproche | *sévère*
violent/e | *contre* qn | richten ◇ hart ◇ gegen
heftig |

5.12. Aversion (f.)

Abneigung

antipathie (f.) — Antipathie
répulsion (f.) — Abscheu
répugnance (f.) — Widerwille / Abscheu
dégoût (m.) — Ekel
haine (f.) — Hass
phobie (f.) — heftige Abneigung / Phobie
inimitié (f.) — Feindschaft

| une aversion
une antipathie
une répulsion
une haine | *profonde*
instinctive
inexplicable
injustifiée | sehr groß / tief
unwillkürlich / instinktiv
unerklärlich
unbegründet |

éprouver de l'aversion pour	quelqu'un			nicht leiden können
haïr				hassen
détester				verabscheuen
exécrer				verabscheuen

ressentir une grande aversion			fühlen / spüren
pour	tout *type*	d'*innovations*	Art ◇ Neuerungen
à l'encontre de		de *réformes*	Reformen

provoquer	l'aversion	de tout l'*auditoire*	provozieren ◇ Publikum
susciter		des *personnes présentes*	erregen ◇ Anwesende
causer		d'un groupe	hervorrufen
		de la *majorité*	Mehrheit

5.13. Critique (f.)

Kritik

censure (f.)	Tadel
attaque (f.)	Angriff
blâme (m.)	Tadel
reproche (m.)	Vorwurf
remarque (f.)	Bemerkung

adopter	une *position*	trop	critique	annehmen ◇ Haltung
	une *attitude*	très	*polémique*	Einstellung ◇ polemisch
		excessivement	*combative*	äußerst ◇ kämpferisch
	à l'encontre de	quelqu'un		gegenüber
	vis-à-vis de	quelque chose		

adresser	une critique	*sévère*	richten ◇ hart
	une attaque	*violente*	heftig
	à un *membre*	du *gouvernement*	Regierungsmitglied
		de la *direction*	Direktionsmitglied

donner son *opinion*	sur	un thème	äußern ◇ Ansicht
émettre un jugement		une *question*	beurteilen ◇ Frage
		un problème	

je me vois dans la nécessité de	ich sehe mich gezwungen
nous nous voyons obligés de	wir sehen uns gezwungen
il faut	es ist erforderlich
il est nécessaire de	es ist notwendig
nous devons	

faire une	*sévère*	critique de	üben ◇ hart
	dure		hart
censurer ouvertement			kritisieren ◇ offen
le *comportement*	de quelqu'un		Verhalten
l'*attitude*			Haltung

5.14. Désaccord (m.)

Unstimmigkeit

discorde (f.) — Uneinigkeit
dissentiment (m.) — Meinungsverschiedenheit
dissension (f.) — Zwietracht
divergence (f.) — Meinungsverschiedenheit
différend (m.) — Meinungsverschiedenheit
mésentente (f.) — Unstimmigkeit

manifester	son désaccord	à l'encontre de	zeigen
	son *indignation*		Empörung
		quelque chose	
		quelqu'un	

formuler	une *protestation violente* contre	äußern ◇ Protest ◇ heftig
élever		erheben
le *gaspillage*	des *matières premières*	Verschwendung ◇ Rohstoffe
	des *sources d'énergie*	Energiequelle

se prononcer	contre	quelque chose	sich aussprechen gegen
se déclarer		quelqu'un	sich gegen … erklären

être contre			gegen ... sein
ne pas être d'accord avec			nicht einverstanden sein mit
être en désaccord avec			missbilligen
	la *réforme proposée*		vorgeschlagene Reform
	la *planification de l'économie*		wirtschaftliche Planung

désapprouver	la *conduite*	de quelqu'un	missbilligen ◇ Verhalten
censurer	le *comportement*		rügen ◇ Benehmen
condamner	l'*attitude*		verurteilen ◇ Haltung
réprouver			kritisieren
blâmer			tadeln

repousser	*catégoriquement*	une *proposition*	ablehnen ◇ entschieden ◇ Vorschlag ◇ heftig
	avec véhémence	une idée	
		une *tentative*	Versuch
		un *argument*	Argument

manifester	*sans équivoque*	son désaccord	äußern ◇ unmissverständlich
exprimer	clairement	son *indignation*	ausdrücken ◇ Empörung

se prononcer contre	les *manipulations génétiques*	sich äußern gegen ◇ Genmanipulation
condamner	la *pollution atmosphérique*	verurteilen ◇ Luftverschmutzung

être contre les mesures		gegen die Maßnahmen sein
ne pas être d'accord avec les mesures		nicht einverstanden sein
que quelqu'un a	*proposées*	vorgeschlagen
	suggérées	angeregt

5.15. Accusation (f.)

Beschuldigung

dénonciation (f.) — Anklage
incrimination (f.) — Anschuldigung
inculpation (f.) — Belastung
attaque (m.) — Angriff

accuser *incriminer*	quelqu'un		beschuldigen anschuldigen
	de quelque chose d'avoir *fait* de ne pas avoir fait d'avoir *laissé faire*	quelque chose	gemacht geduldet

censurer *condamner*	quelque chose quelqu'un	bemängeln verurteilen

accuser quelqu'un	de *partialité* de *racisme* d'*intolérance* d'être *partial* d'être *raciste* d'être *intolérant*	Voreingenommenheit Rassismus Intoleranz voreingenommen zu sein Rassist intolerant

accuser	les *auditeurs* les *personnes présentes* les *lecteurs*	de	beschuldigen ◇ Zuhörer Anwesende Leser
	fermer les yeux face à ne pas vouloir voir	la *réalité*	die Augen zu verschließen Wirklichkeit

5.16. Opposition (f.)

Widerstand

protestation (f.) — Auflehnung
refus (m.) — Ablehnung
rébellion (f.) — Aufstand
révolte (f.) — Aufruhr
insurrection (f.) — Aufruhr
soulèvement (m.) — Aufstand

protester *se rebeller* *se révolter* *s'insurger* *se soulever*	contre	un *abus* une *injustice* l'*oppression* le *despotisme* l'*intolérance*	protestieren ◇ Missbrauch sich auflehnen ◇ Ungerechtig- keit ◇ revoltieren ◇ Unter- drückung ◇ Despotismus sich erheben ◇ Intoleranz

s'opposer à *refuser*	un *projet* un *plan* une *technique* une *attitude* un *programme* une *résolution* une *décision*		sich widersetzen ◇ Projekt ablehnen ◇ Plan Technik Haltung Programm Beschluss Entscheidung

lutter	*avec ténacité* *avec obstination* *avec acharnement* d'une *loi injuste*	pour l'*abolition*	kämpfen beharrlich ◇ Abschaffung hartnäckig hartnäckig Gesetz ◇ ungerecht

refuser	*catégoriquement* *énergiquement* de faire quelque chose	sich weigern ◇ entschieden glatt / rundweg

proférer *formuler* *prononcer* des *menaces* contre quelqu'un	ausstoßen ◇ Drohung äußern aussprechen

contredire *combattre* *réfuter*	énergiquement	les *affirmations* les paroles les *décisions* les *engagements*	widersprechen ◇ Behauptungen bekämpfen widerlegen ◇ Entscheidungen Zusagen
	d'un *homme politique* d'un *syndicat* d'un *chef d'entreprise*		Politiker Gewerkschaft Unternehmer

adopter une position radicale face au problème de l'inégalité sociale	eine radikale Haltung einnehmen angesichts des Problems der sozialen Ungleichheit

6. Réactions

6.1. Réagir

reagieren

agir — handeln
répondre <à qn> — antworten
s'opposer <à qch> — sich widersetzen
contrer <qch/qn> — entgegentreten
tenir tête <à qn> — es mit jemandem aufnehmen
résister à <qch/qn> — Widerstand leisten

une réaction		
	logique	logisch
	naturelle	natürlich
	inattendue	unerwartet
	inespérée	unverhofft
	soudaine	plötzlich
	subite	blitzartig
	spontanée	spontan

provoquer	une réaction		
susciter		*violente*	hervorrufen ◇ heftig
produire		*énergique*	auslösen ◇ kräftig
		radicale	verursachen ◇ kompromisslos
		brusque	heftig
		vive	lebhaft
		véhémente	stark
		instinctive	unbewusst
		en chaîne	Ketten(reaktion)

nous devons		
	réagir *face à*	angesichts
	nous dresser contre	uns erheben
	prendre des mesures radicales face à	radikale Maßnahmen ergreifen
	nous opposer à	uns widersetzen
	nous révolter contre	uns auflehnen
	nous rebeller contre	rebellieren
	nous soulever contre	uns auflehnen
	nous insurger contre	uns erheben
	une *injustice*	Ungerechtigkeit
	un *abus*	Missbrauch
	la *tyrannie*	Tyrannei
	la *discrimination* d'un *groupe social*	Diskriminierung ◇ soziale Gruppe

6.2. Accepter

annehmen / akzeptieren

admettre <qch>   anerkennen
consentir <à qch>   einwilligen
approuver <qch>   billigen

accepter	sans *hésiter*	une *proposition*
	sans la moindre *réserve*	une *invitation*
	avec quelques *réserves*	une *offre*
	immédiatement	
	sur le *champ*	
	aussitôt	

zögern ◇ Vorschlag
vorbehaltlos ◇ Einladung
unter Vorbehalt ◇ Angebot
sofort
auf der Stelle / prompt
sofort

une *proposition*	*acceptable*
une *idée*	
un *plan*	

Vorschlag ◇ annehmbar
Idee
Plan

j'accepte	*en partie*	ses *arguments*
j'admets	*partiellement*	ses *raisons*
j'approuve	*quelques uns*/unes de	

zum Teil ◇ Argumente ◇ in
mancher Hinsicht ◇ Gründe
einige

ses *conditions*	sont	totalement	*inacceptables*
ses *propositions*		absolument	*inadmissibles*

Bedingungen ◇ inakzeptabel
Vorschläge ◇ unannehmbar

6.3. Repousser

ablehnen / zurückweisen

nier <qch>   absagen
rejeter <qch>   verweigern
refuser <qch>   ausschlagen
réfuter <qch>   widerlegen
démentir <qch>   widerlegen
contester <qch>   streitig machen

repousser	*énergiquement*	ce que qn *propose*
	catégoriquement	une *proposition*
	fermement	un *compromis*

energisch ◇ vorschlägt
entschieden ◇ Vorschlag
rundweg ◇ Kompromiss

je refuse	de *croire*	ce que vous	dites	glauben ◇ für wahr
	de *donner crédit à*		*affirmez*	halten ◇ behaupten
	d'*admettre*	vos affirmations		akzeptieren

nous n'acceptons	*en aucune façon*	in keiner Weise
	pas du tout	keinesfalls
	absolument pas	auf keinen Fall
	vos *conditions*	Bedingungen
	votre *proposition*	Vorschlag

il nous est	*absolument*	*impossible*	absolut ◇ unmöglich
	matériellement		praktisch
	d'accepter	vos *desiderata*	Wünsche
		vos *conditions*	Bedingungen

6.4. Céder

nachgeben

se soumettre <à qch> nachgeben / sich fügen
se plier <à qch> sich fügen
reculer sich bewegen
accepter <qch> annehmen
reconnaître ses erreurs seine Fehler eingestehen
lâcher prise loslassen

céder	*de mauvaise gré*	widerwillig
	à contrecoeur	unter Zwang
	en rechignant	zähneknirschend
	en maugréant	widerwillig
	sans protester	ohne Widerspruch

se soumettre à	les *conditions imposées*	Bedingungen ◇ aufgezwungen
accepter	les *règles*	Regeln
se plier à	l'*opinion* de la *majorité*	Meinung ◇ Mehrheit

6.5. S'opposer

sich widersetzen

résister \<à qch\>	Widerstand leisten
faire face \<à qch\>	die Stirn bieten
refuser \<qch\>	sich weigern
réfuter \<qch\>	bestreiten
contester \<qch\>	abstreiten

refuser	*énergiquement*	de (+ infinitif)	energisch
	avec énergie		entschlossen
	catégoriquement		glatt
	fermement		entschieden

s'opposer à		une *injustice*		Ungerechtigkeit ◇ Widerstand
faire face à		l'*arbitraire*		leisten ◇ Willkür
combattre		un *abus*		bekämpfen ◇ Missbrauch
protester	contre	la réalisation	d'un programme	protestieren
réagir			d'un projet	angehen
lutter			d'une idée	kämpfen
			d'un plan	

6.6. Avoir confiance

Vertrauen haben

faire confiance \<à qn/qch\>	Vertrauen haben
se confier \<à qn\>	Vertrauen schenken
se fier \<à qn/qch\>	sich verlassen

faire	*pleinement*	confiance	voll
	totalement		gänzlich
	entièrement		voll und ganz
	de manière inconditionelle		bedingungslos

avoir une confiance	*totale*	en quelqu'un	total
	absolue		restlos
	inébranlable		unerschütterlich
	aveugle		blind
	sans limite		vorbehaltlos

la confiance	naît		entsteht
	augmente		nimmt zu
	diminue		lässt nach
	disparaît		schwindet
	est trahie		missbraucht

vous	méritez	notre entière confiance	verdienen ◇ voll
	avez gagné		verdient
	avez		
	pouvez compter sur		rechnen

abuser	ouvertement	de la confiance	missbrauchen ◇ schamlos
profiter	impunément	de la bonne foi	ausnutzen ◇ ungestraft
			Gutgläubigkeit
		d'un ami	Freund
		d'un compagnon	Gefährte
		d'un client	Kunde

| j'ai bon espoir que ... (+ subj.) | ich glaube fest |
| j'espère que ... (+ futur) | ich hoffe |

vous pouvez vous fier	pleinement	à moi	voll
	totalement	à nous	ganz
	entièrement		völlig

| avoir trop confiance en soi | zuviel |
| surestimer ses propres forces | überschätzen ◇ eigene Kräfte |

6.7. Se méfier

misstrauen

ne pas se fier <à qn/qch> — nicht vertrauen
ne pas avoir confiance <en qn/qch> — nicht vertrauen
douter <de qn/qch> — zweifeln
craindre <qn/qch> — fürchten
soupçonner <qn de qch> — verdächtigen
se défier <de qn/qch> — misstrauen

se méfier	des *paroles*	de quelqu'un	Worte
	des *promesses*		Versprechen
	des *apparences*		äußerer Schein

son *comportement*	*suscite*/nt		Verhalten ◇ erregt
ses *paroles*	*inspire*/nt		Worte ◇ ruft hervor
ses *promesses*			Versprechungen
		des *soupçons fondés*	Verdacht ◇ begründet
		des *craintes justifiées*	Befürchtungen ◇ berechtigt

| je doute | que ... (+ subj.) |
| je ne crois pass | |

| ne pas avoir confiance | *en soi* | sich selbst |
| | en ses *capacités* | Fähigkeiten |

6.8. Soupçonner

misstrauen

craindre \<qn/qch\>
se méfier \<de qn/qch\>

fürchten
misstrauen

ne pas se fier à quelqu'un		misstrauen
se méfier de quelqu'un		misstrauen
soupçonner quelqu'un	de quelque chose	verdächtigen
	d'avoir fait quelque chose	

avoir	*des soupçons*	Verdacht schöpfen
éveiller	*les soupçons*	Verdacht erregen
dissiper	*les soupçons*	Verdacht zerstreuen

de *sérieux*	*soupçons pèsent* sur lui	dringender Verdacht ◇ lasten
de *graves*		schwerwiegend
une personne	*au-dessus de tout soupçon*	über jeden Verdacht erhaben
	qui n'inspire pas confiance	nicht vertrauenswürdig
	suspect/e	verdächtig
un individu	*louche*	dubios
une *attitude*		Verhalten

6.9. Plaire

gefallen

aimer \<qch>	mögen
enchanter \<qn>	entzücken
faire plaisir \<à qn>	erfreuen
avoir du plaisir \<à faire qch>	Freude haben
prendre du plaisir \<à faire qch>	Spaß machen

avoir	*le plaisir*	de (+ infinitif)
	la *joie*	
	la *satisfaction*	

das Vergnügen haben
Freude
große Freude

constater avec	un/e *profond/e*	plaisir
	un/e grand/e	*satisfaction*
	la *concrétisation* d'un *accord*	

feststellen ◇ groß
Befriedigung
Konkretisierung ◇ Abkommen

son *accord*	m'a fait *énormément* plaisir
sa *décision*	
sa *compréhension*	

Einwilligung ◇ wirklich sehr
◇ Entscheidung
Verständnis

cela me fait très plaisir		d'*accéder* à
c'est pour moi	un *immense plaisir*	de *satisfaire*
	une *grande joie*	
	votre *demande*	
	votre *souhait*	
	votre *désir*	

entsprechen
großes Vergnügen
große Freude

Bitte
Wunsch
Wunsch

6.10. Déplaire

missfallen

ne pas aimer \<qch>	nicht mögen
gêner \<qn>	peinlich berühren
déranger \<qn>	stören
contrarier \<qn>	verstimmen
chagriner \<qn>	kränken
mécontenter \<qn>	verärgern
froisser \<qn>	kränken
vexer \<qn>	kränken
offenser \<qn>	beleidigen

son *attitude*	ne me plaît pas		Haltung
son *comportement*	me gêne		Benehmen
sa *conduite*	me dérange		Verhalten

être	*gêné*	par quelque chose	verlegen
	contrarié		verstimmt
	vexé		verärgert

son *manque* de	*discrétion*	me déplaît	beaucoup	Mangel ◇ Zurückhaltung
	respect	me gêne	*énormément*	Respektlosigkeit ◇ äußerst
	tact			Taktlosigkeit
	sérieux	m'*irrite*		Ernsthaftigkeit ◇ ärgert
	ponctualité			Unpünktlichkeit
sa *légèreté*				Verantwortungslosigkeit

je regrette	de ne pouvoir	ich bedauere
cela me gêne		es ist mir peinlich
il m'est *désagréable*		unangenehm
	vous donner une *réponse* positive	Antwort
	accéder à | votre *souhait*	entsprechen ◇ Wunsch
	satisfaire | votre *demande*	nachkommen ◇ Antrag

6.11. Louer

loben

féliciter \<qn\> gratulieren / beglückwünschen
faire l'éloge de \<qn/qch\> rühmen
vanter \<qn/qch\> loben
célébrer \<qn/qch\> preisen

louer	les *mérites*	Verdienste
faire l'éloge de	la *conduite*	Benehmen
	le *courage*	Tapferkeit
	l'*érudition*	Gelehrsamkeit
	les *connaissances*	Kenntnisse
	l'*impartialité*	Unparteilichkeit
	la *générosité*	Großzügigkeit
	la *sincérité*	Aufrichtigkeit
	le *bon sens*	gesunder Menschenverstand
	l'*amabilité*	Freundlichkeit

sa conduite son courage sa générosité son bon sens son impartialité sa *gentillesse*	est *digne* d'*éloges*	lobenswert Liebenswürdigkeit

je vous *adresse* je vous présente	*toutes mes félicitations*	gratuliere ◇ herzlich
à l'occasion de	votre *nomination* votre *succès*	zu ◇ Ernennung Erfolg
je vous *félicite*	pour votre nomination pour votre succès	beglückwünsche

je vous *adresse tous mes vœux de bonheur*	wünsche ◇ alles Gute
je vous *souhaite un bon anniversaire*	gratuliere ◇ zum Geburtstag

je voudrais	vous *exprimer* vous *manifester* vous *témoigner*	ausdrücken mitteilen zeigen
	la *satisfaction* que m'a *procuré* le *plaisir* causé la *joie*	Genugtuung ◇ bereitet Freude ◇ gemacht Freude
	votre *succès* votre *visite* votre *décision*	Erfolg Besuch Entscheidung

votre	*discours* *conférence* *intervention* *allocution*	m'a	*plu* *intéressé* *impressionné* *enthousiasmé*

Rede ◇ gefallen
Vortrag ◇ interessiert
Beitrag ◇ beeindruckt
kurze Ansprache ◇ begeistert

6.12. Regretter

bedauern

déplorer <qch>

beklagen

se lamenter <sur qch>

klagen

je le regrette (beaucoup)

es tut mir (sehr) leid

je regrette | beaucoup
je déplore |

| de devoir vous dire que ... (+ indic.)
| de ne pouvoir vous *aider*

helfen

nous | regrettons | que vous ne puissiez pas
| déplorons |

accepter notre | *proposition*
| *offre*
| *invitation*

annehmen ◇ Vorschlag
Angebot
Einladung

dommage | que ... (+ subj.)
quel dommage |

schade
wie schade

c'est | *dommage* | de (+ infinitif)
| *navrant* |

schade
bedauerlich

à mon grand regret je dois | vous *communiquer*
| vous *informer*

mit Bedauern ◇ mitteilen
informieren

| qu'il ne nous pas possible | d'*accepter*
| qu'il nous est impossible |

annehmen

| vos *conditions*
| votre *collaboration*

Bedingungen
Mitarbeit

6.13. Accuser

beschuldigen

inculper <qn de qch>
incriminer <qn>
culpabiliser <qn>

bezichtigen
beschuldigen
Schuldgefühle erzeugen

être *responsable*	de *ce qui s'est passé*	verantwortlich ◇ Vorfall
	d'un *malheur*	Unglück
	d'un *désastre*	Desaster
	d'une *calamité*	Unheil
	d'une *catastrophe*	Katastrophe

accuser quelqu'un	d'avoir fait quelque chose	beschuldigen
	d'un *crime*	Verbrechen
	d'un *délit*	Straftat
	d'une *faute*	Fehler

se reconnaître	coupable de	un *délit*	sich bekennen ◇ Straftat
se déclarer		une *faute*	sich erklären ◇ Fehler
s'avouer		une *erreur*	sich bekennen ◇ Irrtum
se sentir		une *imprudence*	sich fühlen ◇ Unvorsichtigkeit

être conscient de	sa *culpabilité*	bewusst sein ◇ Schuld
reconnaître		zugeben
avouer		zugeben

| *être coupable* de quelque chose | schuldig sein |
| *c'est moi le coupable* | ich bin schuld (daran) |

| *s'excuser* d'avoir commis | une *faute* | sich entschuldigen ◇ Fehler |
| | une *erreur* | Irrtum |

6.14. Rendre responsable

verantwortlich machen

rendre <qn> **responsable** <de qch>
répondre <de qch>
responsabilser <qn>

verantwortlich machen
einstehen für
Verantwortungsgefühle wecken

accepter les *conséquences*	de quelque chose	Folgen
accepter la *responsabilité*		übernehmen ◇ Verantwortung
assumer		übernehmen
avoir		tragen
porter une *lourde responsabilité*		tragen ◇ schwere Verantwortung

engager sa *responsabilité* dans une affaire	übernehmen ◇ Haftung
écarter toute responsabilité	ablehnen
décliner	ablehnen
rejeter la responsabilité sur quelqu'un	verantwortlich machen

6.15. Remercier

sich bedanken

remercier <qn pour qch>	sich bedanken
être reconnaissant <à qn de qch>	dankbar sein
exprimer sa gratitude	danksagen

je vous suis reconnaissant de	ich bin Ihnen dankbar
merci beaucoup pour	
mille fois merci pour	
votre *aimable* *accueil*	freundlich ◇ Empfang
collaboration	Mitarbeit
tout ce que vous avez fait pour moi	alles, was

je vous remercie	*cordialement* pour	la *patience*	herzlich ◇ Geduld ◇ von ganzem
	de tout coeur pour	l'*amabilité*	Herzen ◇ Liebenswürdigkeit
	sincèrement pour	*les attentions*	aufrichtig ◇ Aufmerksamkeiten
	dont vous avez *fait preuve à mon égard*		erwiesen ◇ mir gegenüber

vous avez été très *aimable*	de nous avoir *informés*	nett ◇ informiert
c'est très aimable à vous	de nous avoir *accompagnés*	begleitet
	de nous avoir *aidés*	geholfen

| je vous suis *infiniment reconnaissant* de m'avoir aidé | zutiefst ◇ dankbar |

je tiens à vous	*remercier sincèrement*	herzlich bedanken
	exprimer tous mes remerciements	herzlich bedanken
	exprimer mes sincères remerciements	
	exprimer ma gratitude	erkenntlich zeigen
	témoigner ma reconnaissance	
pour les *dérangements* que je vous ai	*causés*	Umstände ◇ verursacht
	occasionnés	

| *tous mes remerciements* | pour votre aide | mit bestem Dank |
| *en remerciement* | | als Dank |

6.16. S'excuser

sich entschuldigen

se disculper — sich rechtfertigen
demander pardon — um Verzeihung bitten
faire des excuses — sich entschuldigen
se justifier — sich rechtfertigen

| s'excuser | de son *erreur* | Irrtum |
| | d'être *arrivé en retard* | gekommen ◇ zu spät |

s'excuser *auprès de*	l'*assistance*	bei ◇ Anwesende
	l'*auditoire*	Zuhörer
	le *public*	Publikum

excusez-moi d'avoir *tardé* à	*répondre*	verspätet ◇ antworten
	donner une réponse	Antwort geben
	à votre *lettre*	Brief
	à votre question	
	à votre *demande*	Ersuchen

je vous demande pardon pour *je vous prie de m'excuser* pour	ich bitte Sie um Entschuldigung
	les dérangements causés ce *retard*	Unannehmlichkeiten ◇ bereitet Verspätung

7. Comportement et caractère

7.1. Naturel (m.)   Natürlichkeit

spontanéité (f.)   Spontaneität
simplicité (f.)   Einfachheit
sincérité (f.)   Aufrichtigkeit
franchise (f.)   Offenherzigkeit

une	*grande*	simplicité
	une *rare*	

groß
selten

c'est	un homme	d'un naturel *aimable*
	une personne	

liebenswürdig

une personne	*simple*
	naturelle

einfach
natürlich

parler	avec beaucoup	de naturel
agir		de simplicité
se comporter	naturellement	

sprechen
handeln
sich verhalten

son naturel	est *digne de tous les éloges*
sa simplicité	
sa spontanéité	*attire* la sympathie
sa sincéreté	
sa franchise	

lobenswert

zieht an

7.2. Manières (f. p.)   Umgangsformen

maniéres affectées (f. p.)   affektiertes Benehmen
snobisme (m.)   Snobismus
pédantisme (m.)   schulmeisterliches Gehabe

faire des manières		sich zieren

un *comportement*	*maniéré/e*	Verhalten ◇ geziert
une *façon de se conduire*	*snob*	Benehmen ◇ snob
une *attitude*	affecté/e	Haltung

affecter	le *sérieux*	vorgeben ◇ Ernsthaftigkeit
simuler	l'*ignorance*	vortäuschen ◇ Unwissen
feindre	d'avoir beaucoup d'amis	so tun als ob
	de ne rien comprendre	

on *ressent*	un/e *certain/e*	man spürt ◇ gewiss
on *constate*		man stellt fest
on *remarque*		man merkt
	maniérisme	dans son *comportement*	Verhalten
	affectation		
	recherche		Geziertheit
	snobisme		

une personne	très	*maniérée*	geziert / affektiert
	extrêmement	*snob*	äußerst ◇ snobistisch
		pédante	schulmeisterlich
	dans sa *façon*	de parler	
		de se comporter	Verhalten
	dans ses *gestes*		Gesten

ses manières	*ne me plaît/sent pas du tout*	gefällt mir gar nicht
son manque de naturel	me *gêne/*nt	*énormément*	stört mich ◇ sehr
son snobisme	m'*irrite/*nt		irritiert mich
son pédantisme		

7.3. Amabilité (f.) Freundlichkeit

attentions (f. p.)	Aufmerksamkeiten
gentillesse (f.)	Liebenswürdigkeit
courtoisie (f.)	Höflichkeit
politesse (f.)	Höflichkeit
cordialité (f.)	Herzlichkeit

être	aimable	envers	tout le monde	liebenswürdig ◇ gegenüber
se montrer	attentionné	avec	quelqu'un	sich zeigen ◇ aufmerksam
	poli			höflich

le directeur a été très	aimable	avec lui	liebenswürdig
	affable		leutselig
	serviable	avec moi	gefällig
	attentionné		aufmerksam
	poli		höflich
	courtois		ausgesucht höflich
	correct		korrekt

| nous avons été l'objet de | beaucoup d'attentions | sie waren sehr liebenswürdig |
| ils nous ont témoigné | | |

| ils nous ont | reçus | avec beaucoup dc gentillesse | empfangen ◇ sehr freundlich |
| on nous a | accueillis | très cordialement | aufgenommen ◇ sehr herzlich |

être très	aimable	avec quelqu'un	liebenswürdig
	gentil		nett
	empressé		bemüht
	attentionné		aufmerksam
	prévenant		zuvorkommend
	obligeant		gefällig

je vous remercie de tout coeur de		ich danke ◇ herzlich
je vous suis reconnaissant pour		ich bedanke mich
je vous exprime ma sincère reconnaissance pour		ich spreche aus ◇ aufrichtig Dank
l'amabilité	dont vous avez fait preuve	erwiesen
la gentillesse	envers moi	gegenüber
la cordialité	que vous m'avez manifestée	entgegengebracht

7.4. Impolitesse (f.)

Unhöflichkeit

incorrection (f.) — Unaufmerksamkeit
grossièreté (f.) — Taktlosigkeit
sans gêne (m.) — Unverschämtheit
manque de savoir-vivre (m.) — Unhöflichkeit
indélicatesse (f.) — Taktlosigkeit

manque	de *courtoisie*	Mangel ◇ Höflichkeit
	de *politesse*	Höflichkeit
	de *gentillesse*	Höflichkeit
	de *prévenance*	Entgegenkommen
	de savoir-vivre	Anstand

se montrer	très	*impoli*	sich zeigen ◇ unhöflich
		discourtois	unkultiviert
	peu	*courtois*	höflich
		affable	entgegenkommend
		aimable	liebenswürdig

faire preuve de très peu de	*politesse*	zeigen ◇ Höflichkeit
	courtoisie	Höflichkeit
	amabilité	Freundlichkeit / Liebenswürdigkeit

je regrette	la grossièreté	ich bedauere
je déplore	l'impolitesse	ich bedauere
je m'étonne de	le manque de gentillesse	mich wundert
je réprouve		ich missbillige
avec le/laquel/le	vous avez été *traité*	behandelt
	on vous a *reçu*	empfangen

7.5. Franchise (f.)

Ehrlichkeit

droiture (f.) — Aufrichtigkeit
loyauté (f.) — Redlichkeit
sincérité (f.) — Aufrichtigkeit
spontanéité (f.) — Natürlichkeit
honnêtété (f.) — Ehrlichkeit / Redlichkeit
probité (f.) — Redlichkeit

| une franchise | totale | | völlig |
| une sincérité | absolue | | absolut |

être	franc	en donnant	offenherzig
	sincère	au moment d'exprimer	aufrichtig ◇ äußern
		son opinion	Meinung
		son avis	Ansicht

dire	franchement	ce que l'on pense	freimütig
	ouvertement	ce que l'on ressent	offen ◇ fühlt
exprimer	clairement		ausdrücken ◇ deutlich
	sans hésitation		ohne Zögern
	sans réserve		ohne Vorbehalt

parler	avec franchise	offen
	franchement	offen
	sans détour	ohne Umschweife

| je serai très franc avec vous | ich werde ganz offen mit Ihnen reden |

7.6. Feinte (f.) Täuschung

simulation (f.)	Vortäuschung
artifice (m.)	Trick
comédie (f.)	Theater
apparences (f. p.)	Anschein
dissimulation (f.)	Verheimlichung
tromperie (f.)	Täuschung / Betrug
ruse (f.)	Trick
hypocrisie (f.)	Verstellung

feindre	habilement	d'être sûr de soi	vortäuschen ◇ geschickt
simuler		le calme	vorspiegeln
		l'intérêt pour ...	Ruhe ◇ Interesse
		l'indifférence	Gleichgültigkeit
		l'ignorance	Unwissenheit

faire comme si on	ne savait pas	quelque chose	so tun als ob
	ignorait		nicht wissen

les apparences sont trompeuses	der Schein trügt
des *déclarations fallacieuses*	trügerische Erklärungen

les *mots*	qu'il *emploie*		Worte ◇ verwendet
	qu'il *utilise*	*révèle/nt*	gebraucht
le *langage*	dont il *se sert*		Sprache ◇ sich bedient
	clairement	sa *duplicité*	deutlich ◇ Doppelzüngigkeit
	ouvertement	son *hypocrisie*	unverhüllt ◇ Heuchelei
		sa *fausseté*	Falschheit
		ses *véritables intentions*	wirklich ◇ Absicht
		son *manque* de *sincérité*	Mangel ◇ Ehrlichkeit

il n'est pas *nécessaire* de	*cacher*	nötig ◇ verheimlichen
il n'est pas *indispensable* de	*dissimuler*	unentbehrlich ◇ vertuschen
il n'est pas *opportun* de		angebracht
	la situation *réelle*	wirklich
	les *erreurs* commises	Irrtümer ◇ begangen
	les *fautes* que nous avons commises	Fehler

7.7. Générosité (f.) — Großmut

abnégation (f.)	Selbstlosigkeit
désintéressement (m.)	Uneigennützigkeit
bonté (f.)	Güte
largesse (f.)	Großzügigkeit
prodigalité (f.)	Verschwendungssucht
magnanimité (f.)	Großherzigkeit
altruisme (m.)	Altruismus

faire preuve de	générosité — an den Tag legen
	abnégation
	désintéressement

<table>
<tr><td>se montrer |
 être |</td><td>| généreux | envers | qn
extrêmement | désintéressé | avec |</td><td>freizügig
äußerst ◇ großzügig</td></tr>
</table>

7.8. Egoïsme (m.)

Egoismus

intérêt (m.)
égocentrisme (m.)
amour-propre (m.)
individualisme (m.)
narcissisme (m.)

Eigennutz
Ichbezogenheit
Eigenliebe
Individualismus
Narzismus

<table>
<tr><td>un égoïsme
un égocentrisme</td><td>| extrême
| profond
| inouï
| incroyable</td><td>außerordentlich
groß
unerhört
unfassbar</td></tr>
</table>

<table>
<tr><td>adopter | une attitude
prendre |</td><td>| égoïste
| égocentrique</td><td>einnehmen ◇ Haltung</td></tr>
</table>

<table>
<tr><td>voir
considérer</td><td>| les choses
| d'un point de vue</td><td></td><td>betrachten
betrachten ◇ Gesichtspunkt</td></tr>
<tr><td></td><td>| essentiellement
| exclusivement
| purement</td><td>égoïste</td><td>wesentlich
ausschließlich
rein</td></tr>
</table>

<table>
<tr><td>être | égoïste
| intéressé
ne penser qu'à soi
rechercher son intérêt
ne penser qu'à son propre intérêt
se préoccuper uniquement de son intérêt
faire passer son propre intérêts avant l'intérêt général</td><td>eigennützig
auf seinen Vorteil bedacht
nur an sich denken
suchen
eigenes Interesse
sich kümmern
vorziehen</td></tr>
</table>

7.9. Tolérance (f.)   Toleranz

compréhension (f.)	Nachsicht
indulgence (f.)	Nachsicht
condescendance (f.)	Nachgiebigkeit
consentement (m.)	Einwilligung / Zustimmung

faire preuve de	une grande	tolérance	zeigen / erkennen lassen
		compréhension	

tolérer | des *critiques*	hinnehmen ◇ Kritik
| *que* (+ subj.)	zulassen, dass
consentir à ce que (+ subj.)	damit einverstanden sein, dass

être	*tolérant*	avec quelqu'un	tolerant
	compréhensif	avec les *idées* des autres	verständnisvoll ◇ Ansichten
	conciliant		versöhnlich

7.10. Intolérance (f.)   Intoleranz

intransigeance (f.)	Unnachgiebigkeit
fanatisme (m.)	Fanatismus
incompréhension (f.)	Unverständnis
sévérité (f.)	Härte

une	intolérance	*inadmissible*	unzulässig
	intransigeance	*extrême*	größte

protester	contre	l'incompréhension	de	protestieren
se révolter		le fanatisme	qn	sich erheben
se rebeller		l'intolérance		sich auflehnen

se montrer	intolérant	envers	sich zeigen ◇ intolerant
être	intransigeant	avec	unnachgiebig
	ceux qui pensent *autrement*		anders
	ceux qui *ne partagent pas* la même *opinion*		nicht teilen ◇ Ansicht

son *comportement*	est	intolérable	Verhalten ◇ unerträglich
son *attitude*	devient	insupportable	Haltung ◇ unerträglich
		inadmissible	unannehmbar
		révoltant/e	empörend

8. Etat d'esprit

8.1. Optimisme (m.)

Optimismus

euphorie (f.)
enthousiasme (m.)
engouement (m.)
illusion (f.)

Euphorie
Begeisterung
Schwärmerei
falsche Hoffnung

| être | optimiste |
| *devenir* | |

werden

avoir	un optimisme	*enviable*
montrer		*justifié*
faire preuve de		*injustifié*
		excessif
		à toute épreuve

beneidenswert
an den Tag legen ◇ berechtigt
unbegründet
übertrieben
gesund

c'est	une personne qui	*communique*
	quelqu'un qui	
	son optimisme	aux autres
	son euphorie	à son *entourage*
	son enthousiasme	

vermittelt

Kreis

un optimiste	*ne perd jamais courage*
	ne se décourage jamais
	voit *la vie en rose*
	croit en l'avenir
	voit	*toujours*
		seulement
		uniquement
	le *côté positif des choses*

wird nie mutlos
wird nie mutlos
alles im rosigen Licht
hat Vertrauen in die Zukunft
immer
nur
ausschließlich

positive Seite ◇ Dinge

8.2. Pessimisme (m.)

Pessimismus

déception (f.)	Enttäuschung
désenchantement (m.)	Ernüchterung
désappointement (m.)	Enttäuschung
consternation (f.)	Bestürzung
désillusion (f.)	Enttäuschung
scepticisme (m.)	Skepsis

être *devenir*	pessimiste

werden

avoir	une *vision* une vue	*pessimiste des choses*

negatives Weltbild

voir	le *côté négatif des choses* *tout en noir*

negative Seite ◇ Dinge
alles schwarz sehen

broyer du noir

Trübsal blasen

être pessimiste sur quelque chose

für etwas schwarz sehen

un pessimiste	pense toujours	aux *inconvénients* aux *difficultés* au *pire*
	croit s'imagine	que le pire va *arriver*

Nachteile
Schwierigkeiten
das Schlimmste
geschehen

8.3. Sécurité (f.)

Sicherheit

certitude (f.)	Gewissheit
tranquillité (f.) d'esprit	Ruhe
sérénité (f.)	Ausgeglichenheit
calme (m.)	Gelassenheit

être	*tranquille* *sûr de quelque chose*

unbesorgt
sich auf etwas verlassen

| être | absolument
complètement
totalement | convaincu
certain
persuadé | de quelque chose | ganz ◇ überzeugt
völlig ◇ gewiss
durchaus ◇ überzeugt |

| avoir la certitude | d'*atteindre* un *objectif*
d'*obtenir* quelque chose | erreichen ◇ Ziel
erlangen |

| *réagir*
procéder | avec calme
avec sérénité | handeln
vorgehen |

faire preuve d'un calme *imperturbable* — unerschütterlich

accueillir une nouvelle *avec sérénité* — gelassen

| *perdre* | son calme
son sang froid
sa sérénité
sa tranquillité d'esprit | Beherrschung verlieren |

8.4. Préoccupation (f.) — Sorge

inquiétude (f.) — Unruhe
souci(s) (m. ou m. p.) — Sorgen
tracas (m.) — Sorgen
tourment (m.) — Qual

s'inquiéter outre mesure — sich Sorgen machen ◇ zu viel

| *se faire du souci*
s'inquiéter | *pour* quelqu'un/quelque chose | sich Sorgen machen um |

| *être tourmenté*
être tracassé | par quelque chose | gepeinigt sein |

| *être* | *soucieux*
agité
dans l'inquiétude
inquiet pour quelqu'un
préocuppé
tourmenté | *par* quelque chose | besorgt sein
unruhig sein
in Sorge sein
besorgt sein ◇ um
besorgt sein ◇ um |

cet événement cette *nouvelle*	*préoccupe* *inquiète*	les *habitants* le *personnel*	beschäftigt ◇ Einwohner Nachricht ◇ Belegschaft beunruhigt
la tournure des choses la situation	est	un *sujet d'inquiétude* *préoccupante* *inquiétante* *angoissante*	Lauf der Dinge ◇ Anlass zur Sorge Besorgnis erregend beängstigend

avoir	de *gros soucis* de *graves préoccupations*	große Sorgen

8.5. Joie (f.)   Freude

satisfaction (f.)   Zufriedenheit
allégresse (f.)   Jubel
réjouissance (f.)   Fröhlichkeit
plaisir (m.)   Freude
contentement (m.)   Behagen
ravissement (m.)   Entzücken

être	*joyeux* *content* *heureux* *satisfait*	fröhlich sein zufrieden glücklich zufrieden / befriedigt

un *événement* une *nouvelle*	*cause* *provoque* *occasionne*	une grande joie	Ereignis ◇ verursacht Nachricht ◇ ruft hervor verursacht

une joie	*délirante* *indescriptible*	unbändig unbeschreiblich

être	*pleinement* *entièrement*	*satisfait*	de quelque chose de quelqu'un	ganz ◇ zufrieden völlig

éprouver une grande	joie satisfaction	verspüren
être *fou de joie*		außer sich vor Freude
être *la seule joie de quelqu'un*		ganze Freude
laisser/faire éclater sa joie		in Jubel ausbrechen
sauter de joie		Freudensprünge machen

8.6. Tristesse (f.)   Traurigkeit

affliction (f.)	Betrübnis
peine (f.)	Leid
mélancolie (f.)	Schwermut
chagrin (m.)	Kummer
abattement (m.)	Niedergeschlagenheit

avoir	*du chagrin* *de la peine*	Kummer haben
faire	*du chagrin* *de la peine*	à quelqu'un	Kummer machen

être	*triste*	traurig
	affligé	betrübt
	attristé *peiné* *chagriné*	par quelque chose	betrübt
	plongé dans de tristes *pensées*	versunken ◇ Gedanken

une *profonde*	*tristesse* mélancolie	tiefe Traurigkeit
un *gros*	*chagrin* *chagrin d'amour*	großer Kummer Liebeskummer

un *malheur*		*vient*	*augmenter*	Unglück ◇ steigert ◇ unheil-
un *événement malheureux*			*accroître*	volles Ereignis ◇ vermehrt
	la tristesse l'affliction la peine	de quelqu'un	

| *lutter contre* | la tristesse | ankämpfen gegen |
| | la mélancolie | |

8.7. Affliction (f.)   Betrübnis

amertume (f.)   Bitterkeit
désolation (f.)   Trostlosigkeit
chagrin (m.)   Kummer
peine (f.)   Kummer
détresse (f.)   Verzweiflung

être	*désolé*		tief betrübt
	peiné	par quelche chose	betrübt
	affligé		
	plongé dans une *profonde* affliction		verspüren ◇ tief

| *éprouver* de | l'affliction | verspüren |
| *être en proie* à | | wehrlos ausgesetzt sein |

8.8. Dépression (f.)   Depression

abattement (m.)   Niedergeschlagenheit
prostration (f.)   tiefe Niedergeschlagenheit
découragement (m.)   Mutlosigkeit
désenchantement (m.)   Enttäuschung

être	*découragé*	entmutigt
	abattu	niedergeschlagen
	déprimé	deprimiert
déprimer		deprimiert sein
se décourager		den Mut verlieren
faire de la dépression		depressiv sein
tomber dans la dépression		depressiv werden

8.9. Déception (f.)

Enttäuschung

déboires (m. p.) — Verdruss
déconvenue (f.) — Enttäuschung
désappointement (m.) — getäuschte Hoffnung
désenchantement (m.) — Enttäuschung
désillusion (f.) — Ernüchterung
mécompte (m.) — Enttäuschung
dépit (m.) — Verdruss

être	déçu	enttäuscht sein
	désappointé	enttäuscht / ernüchtert
	désenchanté	ernüchtert
	frustré	frustriert
	désillusionné	enttäuscht

| une déception | amère | bitter |
| | douloureuse | schmerzlich |

éprouver	une déception	erfahren
avoir	une déconvenue	
	des déboires	

| causer une déception à | quelqu'un | verursachen |
| décevoir | | enttäuschen |

8.10. Désespoir (m.)

Verzweiflung

désolation (f.) — Trostlosigkeit
abattement (m.) — Niedergeschlagenheit
exaspération (f.) — Verbitterung

| être | désespéré | verzweifelt sein |
| | désolé | niedergeschlagen |

se désespérer			verzweifeln
perdre tout espoir			verlieren ◇ jede Hoffnung

le désespoir	*tourmente*	quelqu'un	zermürbt
	accable	un *malade incurable*	übermannt ◇ unheilbarer
	s'empare de		Kranker ◇ bemächtigt sich

être	*le désespoir de quelqu'un*	jemanden zur Verzweiflung
faire		bringen
sombrer dans le désespoir		in Verzweiflung versinken

III. Prise de position personnelle

1. Généralités

1.1. Opinion (f.)

Meinung

avis (m.)
jugement (m.)
appréciation (f.)
point de vue (m.)

Ansicht
Erachten
Ermessen
Gesichtspunkt

à mon avis
à mon sens
selon moi
d'après moi

meiner Meinung nach

---

je crois	que . . . (+ indic.)
je ne crois pas	(+ subj.)
je pense	(+ indic.)
je ne pense pas	(+ subj.)
j'estime	(+ indic.)

ich glaube

ich denke

ich finde / ich schätze

---

je crois	*que oui*
je pense	*que non*
j'estime	

ja
nein

---

ce que je constate
  personnellement est que . . . (indic.)
il n'y a aucun doute que . . . (indic.)
il n'y a pas l'ombre d'un doute que . . . (indic.)

was ich selbst feststelle, ist
es ist gewiss
es besteht gar kein Zweifel

---

ce qui	*m'étonne*	*surtout*
	me *surprend*	*particulièrement*
	c'est le *fait*	que . . . (+ subj.)
	c'est que	

mich verwundert ◇ vor allem
überrascht ◇ besonders

Tatsache

---

si je me souviens bien . . .

wenn ich mich richtig entsinne

se faire une opinion	sich eine Meinung bilden
donner son avis	seine Meinung äußern

1.2. Eléments structurants (m. p.)

strukturierende Elemente

en premier	*lieu*	erstens
en second		zweitens
en troisième		drittens
en dernier		zuletzt / schließlich

d'un côté	einerseits
d'une part	
d'un autre côté	andererseits
d'autre part	

commencer	*en disant*	que ... (+ indic.)	zunächst sagen ◇ weiterhin
continuer	*en remarquant*		darauf aufmerksam machen
finir	*en observant*		schließlich ◇ bemerken
terminer	*en constatant*		feststellen
	en notant		anmerken

enfin	zuletzt
finalement	zum Schluss / abschließend
en conclusion	schließlich
en définitive	letzten Endes

1.3. Référence (f.)

Bezug

en ce qui concerne ...	was ... betrifft / anbelangt
pour ce qui est de ...	
pour ce qui touche à	
pour ce qui est relatif à ...	
pour ce qui se rapporte à ...	

quant à ...	
pour ce qui concerne ...	
à en juger par | *ce que vous dites*	nach dem zu urteilen, was
| ce que dit cette personne	Sie sagen

1.4. Observations (f. p.)

Bemerkungen / Anmerkungen

il faut | *ajouter* que ... (+ indic.)	man muss hinzufügen
il est nécessaire de |	

de plus	außerdem
en plus	noch dazu

en tout cas	auf jeden Fall
de toute façon	jedenfalls
quoi qu'il en soit	wie dem auch sei
toujours est-il que ...	jedenfalls

dans un certain sens	in gewissem Sinne
selon le cas	je nach dem / genauso wie
sous cet aspect	unter diesem Gesichtspunkt

il reste à savoir si ... (+ indic.)	es bleibt zu wissen, ob

il faut | *faire la différence* entre ... et	unterscheiden
il est *nécessaire* de |	notwendig
nous devons |	

1.5. Résumé (m.)

Zusammenfassung

pour conclure	on peut	*dire*	que ... (indic.)	zusammenfassend
en résumé		*affirmer*		zusammenfassend ◇ behaupten
en peu de mots				kurz
pour finir				zum Schluss
en conclusion				kurz und gut
finalement				schließlich

c'est à dire	das heißt / man kann
ceci est ...	sagen

2. Assentiment

2.1. Accord (m.)

Einverständnis / Zustimmung

consentement (m.)	Einwilligung
acceptation (f.)	Zustimmung
approbation (f.)	Billigung
acquiescement (m.)	Zustimmung
adhésion (f.)	Zustimmung

partager	l'*avis*	de quelqu'un	teilen ◇ Ansicht
	l'*opinion*		Meinung

se mettre	d'accord avec quelqu'un sur
être	
un *point*	Punkt
plusieurs points	mehrere

abonder dans le *sens* de	l'auteur de l'article	sich anschließen ◇ Meinung
être du même *avis* que	Monsieur Dupont	Ansicht

je partage	*totalement*	ses *convictions*	ich teile ◇ ganz ◇ Über-
	presque totalement	ses *idées*	zeugung ◇ Vorstellungen
		son *opinion*	Meinung
		son *avis*	Auffassung
		sa *façon de voir*	Ansicht
		son *point de vue*	Gesichtspunkt
		ses *conceptions*	Vorstellungen

penser	*de la même façon que*	quelqu'un	so ◇ wie
	de la même manière que		
	comme		

| pouvoir | adhérer | | | zustimmen |
| | acquiescer | | | zustimmen |

	aux idées	exposées		vorgetragen
		formulées		dargestellt
	à ce que quelqu'un	a affirmé	behauptet
		a proposé	vorgeschlagen
		a insinué	angedeutet
		a dit	gesagt

---

je suis	totalement	d'accord avec ce que	durchaus
	entièrement		völlig
	absolument		absolut
	parfaitement		vollkommen
	Monsieur Dupont	soutient	behauptet
		a exposé	vorgetragen
		a proposé	vorgeschlagen

| être du même avis | que quelqu'un | der gleichen Ansicht |
| partager la même opinion | | teilen ◇ Meinung |

---

comme	la plupart	d'entre vous	Mehrzahl
	la majorité	des présents	Mehrheit ◇ Teilnehmer
		de ceux qui sont ici	
moi aussi je suis	partisan de (+ inf.)	ich bin dafür
	pour (+ substantif)	

2.2. Donner raison

Recht geben

avoir	raison	de dire	sagen
	entièrement raison	d'affirmer	völlig ◇ behaupten
	parfaitement raison		vollkommen
		que ... (+ indic.)	

ce que vous dites	est *exact*	wahr
ce que vous affirmez	est *incontestable*	unbestreitbar
	indubitable	zweifellos
	indéniable	unleugbar
	ne peut pas *être mis*	in Frage gestellt werden
	en doute	
	en question	

il faut	*reconnaître*	que quelqu'un a raison	anerkennen
	admettre		zugeben

	quand il	*dit*	que ... (+ indic.)	wenn er sagt
		affirme		behauptet
	en	*disant*		wenn er sagt
		affirmant		behauptet

l'auteur	dit	*avec raison*	mit Recht
quelqu'un	*affirme*	*à juste titre*	behauptet ◇ treffend
	déclare	*à bon droit*	erklärt ◇ mit Recht
	soutient		behauptet

que ... (+ indic.)

je suis d'accord avec		l'*affirmation*	Behauptung
j'accepte	*intégralement*	la *proposition*	ich billige ◇ völlig
	dans son intégralité		Vorschlag ◇ ganz
	qui a été faite		
	qui *vient d'être*	*faite*	gerade gemacht worden ist
		formulée	vorgetragen

tout *pousse à*	*croire*	que quelqu'un a raison	spricht dafür ◇ glauben
	reconnaître		anerkennen

il ne nous manque pas de raisons	es fehlt uns nicht an
ce ne sont pas les raisons qui manquent	Gründen
pour *prendre* cette *décision*	treffen ◇ Entscheidung
mesure	Maßnahme

2.3. Objectivité (f.)

Sachlichkeit / Objektivität

impartialité (f.)
neutralité (f.)
pertinence (f.)

Unparteilichkeit
Unvoreingenommenheit
Stichhaltigkeit

exposer	les *faits*	darlegen ◇ Fakten
analyser	les *événements*	analysieren ◇ Ereignisse
juger		beurteilen
décrire		beschreiben
interpréter		auslegen
	objectivement	sachlich / objektiv
	sans préjugés	ohne Vorurteile
	d'une façon impartiale	unparteiisch
	avec objectivité	

je tente de	faire un *exposé*	ich versuche ◇ Darstellung
je me suis *proposé* de	une *analyse*	vorgenommen ◇ Analyse
j'essaie de	une *description*	ich beabsichtige ◇ Beschrei-
je voudrais		bung ◇ ich möchte
mon *intention* est de		Absicht
	objectif/ve d'un *problème*	sachlich ◇ Problem
	impartial/e d'une *question*	unparteiisch ◇ Frage
	d'un *incident*	Ereignis

il faut	*admirer*	l'objectivité avec laquelle	bewundern
	respecter	l'impartialité	würdigen
	louer		loben
	vanter		loben
	a été	*exposé* le problème	dargestellt
	on a	*analysé*	analysiert
	vous avez	*présenté*	vorgetragen

quelqu'un	*se montre* impartial
l'auteur	

zeigt sich

juger	*objectivement*
	avec objectivité

beurteilen ◇ sachlich
/ objektiv

il faut	éviter échapper à	tout type		vermeiden ◇ jede Art zu entgehen suchen
	de *préjugés* d'*idées préconçues* de *parti pris* d'idées toutes faites d'idées reçues	*au moment de* *lorsqu'il s'agit de*		Vorurteile ◇ wenn man vorgefasste Meinung ◇ wenn man vorgefasste Meinung
	juger quelqu'un donner son *avis* sur	quelqu'un quelque chose		beurteilen Ansicht

2.4. Exactitude (f.)

Genauigkeit

précision (f.)
rigueur (f.)

Sorgfältigkeit
Gründlichkeit

indiquer *montrer* *décrire* *exposer* *faire connaître*	quelque chose	avec précision avec exactitude *de façon exacte* *de façon précise*	zeigen vor Augen führen beschreiben ◇ genau darlegen ◇ genau bekanntgeben

émettre	une *opinion* un *jugement*	très *nuancé/e*	äußern ◇ Meinung ◇ differenziert Beurteilung
	sur *à propos de*	une *question* un thème une problématique	Frage bezüglich

on nous a vous nous avez	précisé exposé décrit	avec une *précision* *mathématique* *de manière très détaillée* *de A à Z* *point par point*	mathematische Genauigkeit sehr ausführlich peinlich genau Punkt für Punkt
les *aspects*	positifs négatifs	d'un *problème* d'une *décision* d'une *alternative*	Aspekte ◇ Problem Entscheidung Gegenvorschlag

Vous	nous avez *présenté*	avec beaucoup de	vorgestellt
	avez analysé	avec une *admirable*	bewundernswert
	précision	*le pour*	die Vorteile
	exactitude	*le contre*	die Nachteile
		les *avantages*	Vorteile
		les *inconvénients*	Nachteile
		les *difficultés*	Schwierigkeiten
	découlant d'	une *attitude*	aus ◇ Haltung
		une *résolution*	Beschluss
		une *décision*	Entscheidung
		une *mesure*	Maßnahme

2.5. Compétence (f.)   Kompetenz

connaissances (f. p.)   Wissen
aptitude (f.)   Fähigkeit
capacité (f.)   Begabung
qualification (f.)   Eignung

parler	*en connaissance de cause*	mit Kenntnis der Sache
s'exprimer		sich äußern

quelqu'un	*connaît*	bien	kennt ◇ Redner
l'orateur	*domine*	*à fond*	beherrscht ◇ gründlich
l'auteur		*parfaitement*	genauestens
		un *domaine*	Gebiet
		un *sujet*	Thema
		un *problème*	Problem
		une *problématique*	Problematik

être	*compétent*	dans un *domaine*	kompetent ◇ Gebiet
	expert		Experte
	spécialiste		Fachmann
	un fin connaisseur		sehr sachkundig

il faut	souligner	la compétence		hervorheben
	mettre l'accent sur	la qualification		betonen
	mettre en valeur			beachten ◇ umfassend
	respecter	les vastes		anerkennen ◇ fundiert
	apprécier	les solides		schätzen ◇ Kenntnisse
		connaissances		
que vous	possédez	dans le domaine	économique	besitzen ◇ Gebiet ◇ wirt-
	avez		sociologique	schaftlich ◇ soziologisch
			politique	politisch

2.6. Franchise (f.)
Offenheit

sincérité (f.)	Aufrichtigkeit
honnêteté (f.)	Lauterkeit
droiture (f.)	Aufrichtigkeit
loyauté (f.)	Redlichkeit
probité (f.)	Redlichkeit
intégrité (f.)	Redlichkeit

dire	franchement	ce que l'on pense	ganz offen
exprimer	sans réserve	ce que l'on ressent	ausdrücken ◇ vorbehaltlos
	sans ambages		vorbehaltlos
	sans détours		ohne Umschweife
	sincèrement		aufrichtig

sa sincérité	est digne d'éloges	ist wert / verdient ◇ Lob
sa franchise	mérite le plus grand respect	verdient ◇ Anerkennung
son honnêteté		
sa droiture		
sa loyauté		
sa probité		
son intégrité		

nous vous remercions pour	votre sincérité	wir danken
nous respectons	franchise	würdigen
nous apprécions		schätzen

2.7. Probabilité (f.)

Wahrscheinlichkeit

éventualité (f.)   Möglichkeit
possibilité (f.)   Möglichkeit
conjecture (f.)   Vermutung

| une conjecture \| *réunit* des *indices* de probabilité | beinhaltet ◇ Anzeichen |
| une *hypothèse* \| | Hypothese |

| une hypothèse \| *se confirme* | wird bestätigt |
| \| *se vérifie* | |

votre *proposition*   Vorschlag
la proposition que vous \| avez *faite*   gemacht
          avez *formulée*   formuliert
          venez *d'exposer*   eben vorgetragen haben

    \| est *faisable*   durchführbar
    \| est *réalisable*   machbar
    \| peut \| *être menée à bien*   verwirklicht werden
        \| *devenir réalité*   verwirklicht werden
        \| *aboutir*   gelingen

je pense \| que cette *idée*   Idee
je crois \| que ce *projet*   Vorhaben
      \| que ce qui *vient d'être exposé*   vorgetragen worden ist

   \| n'est en rien \| *utopique*   utopisch
              \| *chimérique*   träumerisch
   \| est réellement *faisable*   machbar
   \| a de sérieuses chances de *devenir réalité*   Wirklichkeit werden

2.8. Critique (f.)

Kritik

objection (f.)   Einwand
remarque (f.)   Bemerkung
reproche (m.)   Vorwurf
condamnation (f.)   Verurteilung

critiquer	quelqu'un		
	quelque chose	*avec raison*	mit Recht
		à bon droit	mit Recht

les accusations	que vous avez *faits*/es contre	gemacht
les reproches	que vous avez *formulés*/es contre	vorgetragen
les critiques	que vous avez *exprimés*/es contre	geäußert

	quelque chose	sont	*fondés*/es	begründet
	quelqu'un		*justes*	gerechtfertigt
			légitimes	legitim
			pertinents/es	angemessen
			sensés/es	angebracht

quelqu'un	*émet*	une critique	*constructive*	äußert ◇ konstruktiv
	fait		*juste*	gerechtfertigt
			bien fondée	wohl begründet
			sévère	hart
			pertinente	zutreffend

	des *intentions*	de quelqu'un	Absichten
	des *projets*		Vorhaben
	de l'*argumentation*		Beweisführung
	du *comportement*		Verhalten

j'accepte	vos critiques		ich nehme an
j'approuve	vos reproches		ich billige
je comprends	vos remarques		ich habe Verständnis
j'admets	les critiques	que l'on m'a	ich erkenne an
	les reproches	que vous m'avez	

	faits/es	
	adressé/es	gerichtet

3. Restrictions

3.1. Doute (m.)

Zweifel

incertitude (f.)
perplexité (f.)
scepticisme (m.)
indécision (f.)
irrésolution (f.)
restriction (f.)

Ungewissheit
Verlegenheit
Skepsis
Unentschiedenheit
Unschlüssigkeit
Vorbehalt

mettre en doute	quelque chose
douter de	
être loin de croire	

in Zweifel ziehen
zweifeln an
weit davon entfernt sein
zu glauben

on peut	douter de	l'*efficacité*
	mettre en question	l'*efficience*
	mettre en doute	

de la *mesure* qui a été | *exposée*
| *formulée*
| *proposée*
| *suggérée*

Wirkung ◇ in Frage
stellen ◇ Effizienz
in Frage stellen

Maßnahme ◇ vorgetragen
formuliert
vorgeschlagen
angedeutet

douter	*que* ... (+ subj.)
mettre en doute	
être loin de croire	

daran zweifeln, dass ...

j'ai	*encore* un doute
il existe	
il reste	
il persiste	

noch
es gibt
es bleibt
es besteht

une doute *persiste*
le doute n'a pas été *levé* sur cette *affaire*

besteht
beseitigt ◇ Angelegenheit

3.2. Méconnaissance (f.)

ignorance (f.)
manque d'information (m.)

méconnaître	en partie	quelque chose
ignorer	presque complètement	
	complètement	

nous devrions	*penser* aux	*conséquences*
	réfléchir aux	*résultats/effets*
	évaluer les	
que peut *entraîner*	une *décision*	
	une *mesure*	

je ne connais pas		quelque chose
j'ignore		
je ne peux	pas me *faire une idée* de	
	mesurer	l'*importance* de
	évaluer	
	calculer	

3.3. Inexactitude (f.)

imprécision (f.)
vague (m.)
flou (m.)

quelqu'un	*ne prend pas en compte*
	ne prend pas en considération
	ne se souvient pas de
	ne se rappelle pas
	ne paraît pas savoir
	ignore
	quelque chose
	que … (+ indic.)

Verkennung

Unwissenheit
Mangel an Information

nicht kennen ◇ teilweise
nicht wissen

bedenken ◇ Folgen
nachdenken ◇ Ergebnisse
einschätzen

mit sich bringen ◇ Ent-
scheidung ◇ Maßnahme

es ist mir nicht bekannt
eine Vorstellung machen
beurteilen ◇ Bedeutung
einschätzen
bewerten

Ungenauigkeit

Unbestimmtheit
Undeutlichkeit
Unklarheit

zieht nicht in Betracht
berücksichtigt nicht
erinnert sich nicht
erinnert sich nicht
scheint nicht zu wissen
verkennt

votre affirmation	*nécessite* des *explications*	bedarf ◇ Erklärungen
	appelle des *éclaircissements*	bedarf ◇ Erklärungen

ce qui	s'est *dit*	*jusqu'à présent*	gesagt ◇ bis jetzt
	a été *exposé*	*pour l'instant*	vorgetragen ◇ bis jetzt
	est *assez*	*vague*	ziemlich ◇ vage
		imprécis	ungenau
		flou	unpräzise

3.4. Accord (m.) **avec restriction**

eingeschränkte Zustimmung

être d'accord avec ce que	quelqu'un	einverstanden sein
	on	
	a *dit*	sur *un seul point*	gesagt ◇ nur ein Punkt
	a *exposé*	sur *plusieurs points*	dargestellt ◇ mehrere
	a *affirmé*		behauptet

la première *affirmation* est	*logique*	Behauptung ◇ logisch
	pleine de bon sens	
	mais . . .	

en ce qui concerne	la seconde	*affirmation*	was . . . betrifft ◇ Aussage
pour ce qui	est de	*proposition*	was . . . angeht ◇ Vorschlag
	se réfère à		was . . . sich bezieht
	touche à		was . . . betrifft
	je n'ai rien à	*objecter*	ich habe nichts einzuwenden
		répondre	entgegenzusetzen
		ajouter	hinzuzufügen

votre *avis*	est	Meinung
l'avis que *nous venons d'entendre*		wir gerade gehört haben
	discutable	anfechtbar
	très	*problématique*	problematisch
	extrêmement		äußerst

partager	*en partie*	l'opinion de quelqu'un	teilen ◇ teilweise
	partiellement		zum Teil

3.5. Degré (m.) de probabilité

Wahrscheinlichkeitsgrad

une *proposition*	*ne manque pas de*	Vorschlag ◇ hat bestimmt
une *affirmation*	a *sans aucun doute*	Feststellung ◇ ohne Zweifel
une idée	*indubitablement*	zweifellos
une thèse	*réellement*	freilich
une *suggestion*		Anregung
	un *certain intérêt*, mais ...	gewiss ◇ Interesse

votre hypothèse	*réunit*	*réellement*	beinhaltet ◇ Vermutung
votre *conjecture*	*présente*	*en effet*	weist auf ◇ wahrlich
		indubitablement	zweifellos
		de façon évidente	offensichtlich
	quelques	*indices* *encourageants*	Anzeichen ◇ ermutigend
	certains	*signes*	gewiss ◇ Symptome
	assez de		
	de *nombreux*		zahlreich

3.6. Point (m.) de vue

Gesichtspunkt

angle (m.) Winkel
aspect (m.) Aspekt
côté (m.) Seite

examiner	un problème	*uniquement*	untersuchen ◇ lediglich
analyser	une *question*	seulement	Frage
	un *sujet*	exclusivement	Sachverhalt
	d'un point de vue	*technique*	technisch
		commercial	kaufmännisch
		écologique	ökologisch
		anthropologique	anthropologisch

vous avez	*oublié*		vergessen
	omis		ausgelassen
on n'a pas *mentionné*			erwähnt
	l'aspect	économique	du *problème*	Problem
		politique	du *sujet*	Frage
	une *composante*	importante		Komponente
		essentielle		wesentlich

---

il faut		man muss
nous devons		
il est *nécessaire* de		notwendig
il est *indispensable* de		unentbehrlich
	examiner qc d'un point de vue *pratique*	untersuchen ◇ praktisch
	prendre en compte	l'aspect moral du problème	vor Augen haben
	considérer	in Betracht ziehen

---

d'un point de vue	*scientifique*	wissenschaftlich
	juridique	juristisch
	économique	ökonomisch
	psychologique	psychologisch
	on peut *objecter*	que ... (+ indic.)	einwenden
	il faut *prendre en compte*		beachten / vor Augen haben
	on peut dire		lässt sich sagen

---

sociologiquement	parlant, on peut objecter	soziologisch
culturellement	que (+ indic.)	kulturell
théoriquement		theoretisch

---

on peut *objecter*	à une théorie	einwenden
	à une thèse	
	à un argument	

4. *Dissentiment*

4.1. **Désaccord** (m.)

Meinungsverschiedenheit

dissentiment (m.)
conflit (m.)
divergence (f.) **d'opinions**

Unstimmigkeit
Konflikt
Meinungsverschiedenheit

ne pas être d'accord avec	une *opinion*	nicht einverstanden sein ◇
ne pas *partager*	un *avis*	Meinung ◇ teilen ◇
	un *point de vue*	Auffassung
		Gesichtspunkt

nicht einverstanden sein ◇
Meinung ◇ teilen ◇
Auffassung
Gesichtspunkt

ne pas être d'accord avec	ce que quelqu'un
désapprouver	
	a *dit*
	a *affirmé*
	a *proposé*

missbilligen

gesagt
behauptet
vorgeschlagen

n'être d'accord avec *aucune*			
	des *affirmations*	qui ont été	*faites*
	des *déclarations*		*formulées*

kein

Behauptungen ◇ vorgebracht
Erklärungen ◇ formuliert

nos opinions	*divergent*	*totalement*
	diffèrent	*complètement*
	s'opposent	

abweichen ◇ ganz
abweichen ◇ völlig
widersprechen sich

votre opinion	n'est pas	*acceptable*
votre *avis*		*admissible*
votre *proposition*		*compatible* avec ...

annehmbar
Auffassung ◇ vertretbar
Vorschlag ◇ vereinbar

on ne peut	*accepter*	votre opinion
	admettre	
	partager	

billigen
akzeptieren
teilen

je ne partage pas	l'opinion	de l'orateur	ich teile nicht ◇ Redner
	les idées		Meinung
	l'avis		Auffassung

je n'approuve pas ce que vous	dites	ich stimme nicht zu
	affirmez	behaupten
	proposez	vorschlagen

nos opinions	diffèrent	là-dessus	weichen ab
	divergent		unterscheiden sich
	s'opposent		gehen auseinander

| je ne pense pas comme | vous | |
| je n'ai pas la même opinion que | | Meinung |

ne pouvoir accepter	en aucune façon		zustimmen ◇ keinesfalls
	en aucun cas		keinesfalls
ce que quelqu'un a	dit		
	proposé		vorgeschlagen

4.2. Ne pas avoir raison

Unrecht haben

avoir tort
(se) tromper

Unrecht haben / sich irren
(sich) irren

le rapporteur	n'a pas raison lorsqu'il	Referent ◇ wenn
l'auteur	se trompe	
	dit	que ... (+ indic.)	
	affirme		behauptet
	déclare		erklärt
	assure		versichert

je ne peux pas	*souscrire* à		zustimmen
il ne m'est pas possible de	*partager*		teilen
il m'est impossible de	*adhérer* à		zustimmen
	l'*avis*	de quelqu'un	Auffassung
	l'*opinion*		Meinung
	la *proposition*		Vorschlag

ne pouvoir	*en aucun cas*	*partager*	keineswegs ◇ teilen
	en aucune façon		keinesfalls
	le *pessimisme*	*non fondé*	Pessimismus ◇ unbegründet
	l'*optimisme*	*non justifié*	Optimismus ◇ ungerecht-
		injustifié	fertigt
	que l'on constate dans	une *déclaration*	Erklärung
	que *comporte*	un *rapport*	beinhaltet ◇ Bericht
		un *bulletin*	Meldung
		un *communiqué*	Benachrichtigung

je ne peux	accepter		
il m'est impossible de			
il ne m'est pas possible de			
	les *affirmations*	de celui qui a pris	Behauptungen ◇ meines Vor-
	les *assertions*	la parole avant moi	redners ◇ Aussagen

le *caractère mensonger*	d'une *affirmation*	Unwahrheit ◇ Behauptung
	d'une *déclaration*	Äußerung
	est *évident*	offenkundig
	ne peut être *mis en doute*	in Frage gestellt

4.3. Manque (m.) d'objectivité

Mangel an Objektivität

arbitraire (m.) — Willkür
partialité (f.) — Parteilichkeit
subjectivité (f.) — Subjektivität

déformer les *faits*	entstellen ◇ Tatsachen
dénaturer les *propos* de quelqu'un	verfälschen ◇ Aussage

on a	*exagéré*	l'*importance*			übertrieben ◇ Bedeutung
	minimisé	la *portée*			heruntergespielt ◇ Tragweite
	surestimé				überschätzt
	sous-estimé				unterschätzt
		d'un *fait*			Tatsache
		d'un *incident*			Vorfall
		d'un *événement*			Ereignis

l'*avis*	que qn a	*formulé*	est	Ansicht ◇ formuliert
le *jugement*		*exprimé*		Urteil ◇ äußert
	très	*partial*		parteiisch
	trop	*subjectif*		subjektiv
		arbitraire		willkürlich

cette *opinion* est			Meinung
cet *avis*			Auffassung
	très	*personnel*/le	persönlich
	totalement	*subjectif*/ve	subjektiv ◇ völlig

| l'auteur | est | très | *partial* | äußerst ◇ parteiisch |
| | *se montre* | | *tendancieux* | zeigt sich ◇ tendenziös |

vous	*ne mentionnez pas*	les *aspects*	erwähnen nicht ◇ Aspekte
	laissez de côté		lassen unerwähnt
	ne faites pas mention de		erwähnen nicht
	positifs	de qc	positiv
	négatifs		negativ

| *fermer les yeux* sur | les aspects | positifs | de qc | die Augen verschließen |
| *ne pas vouloir voir* | | négatifs | | nicht sehen wollen |

au moment de juger une personne	on devrait	wenn ◇ beurteilen
	il faudrait	
se débarasser de	certains *préjugés*	sich frei machen ◇ Vorurteile
	certaines *idées reçues*	vorgefasste Meinung

4.4. **Manque** (m.) **de connaissances**   Mangel an Sachkenntnis

incompétence (f.)   Inkompetenz
incapacité (f.)   Unfähigkeit
inexpérience (f.)   Unerfahrenheit
ignorance (f.)   Unwissenheit

---

donner une *explication* qui   Erklärung

> ne *satisfait* personne   befriedigt
> n'est pas *satisfaisante*   zufriedenstellend
> n'est pas *convaincante*   überzeugend

---

parler | *sans être compétent*   ohne Sachkenntnis
juger | beurteilen
faire des suppositions | Vermutungen anstellen

---

le fait | *mentionné* | par qn | *est sans importance*   erwähnt ◇ unwichtig
 | *cité* | | *n'a pas de sens*   anführt ◇ hat keinen Sinn

---

les *reproches* | formulé/e/s   Vorwürfe
les *accusations* | Beschuldigungen
les *critiques* | Kritiken

contre quelqu'un | *sont sans fondement*   entbehren jeder Grundlage
 | *ne tiennent pas debout*   sind glatter Unsinn
 | sont *injustifiés*/es   unbegründet
 | ne sont pas *fondés*/es   begründet

---

nous sommes *partis* | d'un *principe*   ausgegangen ◇ Prinzip
 | d'une *base*   Ausgangspunkt
 | d'une *supposition*   Annahme

 | *totalement* | *erroné*/e   völlig ◇ irrig
 | *complètement* | *faux*/sse   absolut ◇ falsch

l'*affirmation*	que l'auteur fait dans la troisième	Behauptung
la *constatation*	partie peut *être considérée* comme	Feststellung ◇ betrachtet werden
	une *lapalissade*	Binsenwahrheit
	une *vérité de Lapalisse*	

4.5. Manque (m.) de sincérité

Mangel an Aufrichtigkeit

fausseté (f.)   Falschheit
hypocrisie (f.)   Verstellung / Heuchelei
duplicité (f.)   Doppelzüngigkeit
dissimulation (f.)   Verstellungskunst

vouloir	*convaincre*	l'*auditoire*	überzeugen ◇ Zuhörer
essayer de	*persuader*	l'*assistance*	versuchen ◇ überreden ◇ An-
prétendre		le *public*	wesende ◇ beabsichtigen
		les *lecteurs*	Publikum ◇ Leser
avec des *arguments apparemment convaincants*			Scheinargumente

vous	avez *évité*	une *difficulté*	vermieden ◇ Schwierigkeit
	avez *éludé*	un problème	ausgewichen
	n'avez pas *mentionné*	un *point* difficile	erwähnt ◇ Punkt

ces *explications*	*induisent en erreur*	Erklärungen ◇ führen irre
ces *éclaircissements*		Erläuterungen
ces *interventions*		Beiträge

4.6. Contradiction (f.)

Widerspruch

contresens (m.)   Widersinn
incohérence (f.)   Zusammenhanglosigkeit
manque (m.) **de logique**   Mangel an Logik / Unlogik

une contradiction	*évidente*	offensichtlich
	manifeste	deutlich

cette phrase *comporte*	une contradiction un contresens une incohérence	beinhalten

ses arguments	sont *pleins de* contresens *comportent*	beaucoup de *quelques* *certaines*	voll von beinhalten einige gewisse
		contradictions incohérences	

la *conclusion*	*est en contradiction flagrante* avec *contredit clairement*		Schlussfolgerung widerspricht offenkundig
ce que	vous avez l'auteur a	dit *antérieurement*	vorher

la conclusion ne se déduit pas logiquement des prémisses	die Schlussfolgerung ergibt sich nicht logischerweise aus den Prämissen

nous n'arrivons pas nous ne pouvons pas arriver	à une *conclusion* logique	wir kommen nicht ◇ Schlussfolgerung

l'affirmation que vous formulez dans la conclusion est, à mon avis, en contradiction avec ce que vous avez dit dans l'introduction	die Behauptung, die Sie in der Schlussfolgerung formulieren, steht meiner Meinung nach im Widerspruch zu dem, was Sie in der Einleitung gesagt haben

4.7. Critique (f.)

Kritik

faire une critique	*purement* *exclusivement*	*négative*	rein ◇ negativ ausschließlich

la critique que vous	faites formulez	peut	
	être qualifiée de négative		bezeichnet werden

| votre critique | *n'est pas fondée*
n'a pas de *base* | ist unbegründet
Grundlage |

| il s'agit d'une *objection* | *sans fondement*
bien *faible*
absurde
sans queue ni tête | Einwand ◇ unbegründet
schwach
absurd
weder Hand noch Fuß |

IV. Appendice

1.Réunion (f.) Treffen / Versammlung

assemblée (f.)	Tagung
colloque (m.)	Kolloquium
comité (m.)	Ausschluss
commission (f.)	Ausschluss
séance (f.)	Sitzung
congrès (m.)	Kongress
conférence (f.)	Konferenz

une *réunion*		
	importante	Versammlung ◇ wichtig
	plénière	Vollversammlung
	périodique	regelmäßig
	extraordinaire	außerordentlich
	générale	Hauptversammlung

la réunion	*se tiendra* *aura lieu*	dans un mois le 24 août à 20 heures à 8 heures du soir	wird stattfinden
	se tient a lieu	*tous les mois* trois fois *par an*	monatlich jährlich

convoquer *inviter* à aller à *se rendre* à *assister* à *participer* à *prendre part* à *ajourner* *remettre* *annuler*	une réunion une assemblée un congrès	einberufen einladen gehen teilnehmen teilnehmen teilnehmen vertagen verschieben einstellen

lors de la réunion	on *traitera* on parlera	wird behandelt
	du problème de ... de la problématique de ...	

la réunion a	pour objet	als Gegenstand
	pour thème	als Thema
	pour sujet	als Thema

2. Présentation du thème

Vorstellung des Themas

commencer	la discussion	en présentant	beginnen ◇ indem vorgestellt
ouvrir	la réunion	en exposant	wird ◇ anfangen ◇ vorgetragen
	la conférence	en expliquant	wird ◇ erklärt wird
	le *discours*		Rede
	l'*entrevue*		Interview
	le thème	dont *on va traiter*	behandelt wird
	le problème	que l'on va traiter	
	le *sujet*		Angelegenheit
	la *question*		Frage

| faire | un *bref préambule* | kurz ◇ Einleitung |
| | une brève *introduction* | Einleitung |

présenter	les *idées*	*principales*/aux	vorstellen ◇ Hauptgedanken
annoncer	les points	les *plus importants*/es	ankündigen ◇ wichtigste
que l'on va	*exposer*	vortragen
	expliquer	erklären
	développer	ausführen
	analyser	analysieren
	étudier	untersuchen
	commenter	besprechen / kommentieren

formuler	la thèse que l'on veut	*exposer*	formulieren ◇ darlegen
énoncer		*démontrer*	kurz darlegen ◇ beweisen
expliciter			klar formulieren
	lors d'une *conférence*		Vortrag
	lors d'un *colloque*		Kolloquium

indiquer	le thème	dont il	angeben
annoncer	la question		ankündigen
faire connaître	le problème		bekannt geben
présenter			vorstellen
	s'agit		sich handelt
	va être discuté		erörtert
	va être débattu		besprochen

délimiter	exactement		eingrenzen
fixer			festlegen
	avec précision		genau
le point de vue	à partir duquel on va		Gesichtspunkt
l'aspect			Aspekt
	traiter	le thème	behandeln
	analyser	le problème	analysieren
		la question	

3. Présenter et se présenter

vorstellen ◇ sich vorstellen

présenter	un conférencier	Vortragende
faire la présentation de	un invité	vorstellen ◇ Gast

présenter	un invité d'honneur	Ehrengast
	un scientifique	Wissenschaftler
	un industriel	Unternehmer
	un rapporteur	Referent

permettez-moi	de vous présenter . . .	Darf ich . . .
permettez	que je vous présente . . .	

parmi nous se trouve monsieur . . .			unter ◇ befindet sich
monsieur . . .	nous honore	de sa présence	beehrt ◇ Anwesenheit
	nous fait l'honneur		beehrt

si vous me le permettez		wenn Sie es mir erlauben
avec votre	permission	Erlaubnis
	autorisation	Erlaubnis
	consentement	Zustimmung

je vais vous présenter ...
je voudrais vous présenter ...

---

j'ai	l'honneur	de vous présenter ...	Ehre
	le plaisir		Vergnügen
	l'immense joie		große Freude

---

la conférence	va	commencer	Konferenz ◇ beginnen
la séance de travail		débuter	Arbeitssitzung ◇ anfangen
la réunion		s'ouvrir	Versammlung ◇ eröffnen
la séance			Sitzung
le colloque			Kolloquium
le séminaire			Seminar

avec la présentation	des rapporteurs	Vorstellung ◇ Referenten
	des participants	Teilnehmer
	des invités	Gäste

---

demander aux	invités	qu'ils se présentent	bitten
	participants	eux-mêmes	sich selbst

---

prier	les invités	de se présenter eux-mêmes	höflich bitten
	les participants	de dire qui ils sont	

---

permettez-moi	de me présenter	darf ich
	de vous dire qui je suis	

---

je m'appelle ...
je suis ... (+ nom + fonction)

---

je travaille	chez (+ nom de l'entreprise)	
je suis employé		angestellt

je représente les intérêts	de l'*entreprise* . . .	ich vertrete ◇ Betrieb
	de la *compagnie* . . .	Firma

on m'a invité pour	vous parler de . . .
	vous informer de . . .

4. Ordre (m.) **du jour**

Tagesordnung

rédiger	l'ordre du jour
envoyer	
approuver	
accepter	
voter	
modifier	
faire connaître	

abfassen
senden
genehmigen
billigen
verabschieden
ändern
bekannt geben

ce thème	*ne se trouve pas* à l'ordre du jour	
ce point	*n'est pas prévu*	au programme
	ne figure pas	

befindet sich nicht
ist nicht vorgesehen
steht nicht

ich schlage vor
vorwegnehmen
zurückstellen
verschieben

je propose	d'*anticiper*
	de *différer*
	de *remettre*
	un point	de l'ordre du jour
	un thème	

erinnern an ◇
Notwendigkeit
Sie aufmerksam machen auf ◇
Wichtigkeit

je voudrais	vous *rappeler*	la *nécessité*
j'aimerais	*attirer votre attention sur*	l'*importance*
	de *nous en tenir à*	l'ordre du jour
	de *respecter*	
	de ne pas *nous écarter* de	

uns halten an
achten auf
abweichen

5. Intervenir

prendre part — teilnehmen
participer — sich beteiligen

intervenir dans	une *discussion*	Diskussion
prendre part à	une *conversation*	Gespräch
participer à	une *dispute*	Auseinandersetzung
se mêler à	une *querelle*	sich einmischen ◇ Streit
	une *altercation*	heftige Auseinandersetzung

limiter	la *durée*	des *interventions*	begrenzen ◇ Dauer ◇ Beiträge
fixer	le *laps de temps*		festlegen ◇ Zeitdauer

donner	la *parole* à quelqu'un	erteilen ◇ Wort
céder		erteilen
prendre		ergreifen
couper		(ins Wort) fallen
passer		erteilen
accorder		erteilen
refuser		entziehen

demander la parole	um das Wort bitten

interrompre quelqu'un	pour lui demander	unterbrechen
couper la parole à quelqu'un		das Wort abschneiden
	des *éclaircissements*	Erläuterungen
	des *explications*	Erläuterungen
	des *précisions*	Genaueres

monsieur ... *a la parole*	hat das Wort

permettez-moi	de *terminer*	ce que je suis en train	gestatten Sie mir beenden ◇ zu Ende
	d'*achever*	de vous *exposer*	bringen ◇ darstellen
	de *conclure*		zum Schluss kommen

6. Vote (m.)

Abstimmung / Wahl

suffrage (m.)	Wahlstimme
scrutin (m.)	Wahlgang
élection (f.)	Wahl
bulletin (m.) **de vote**	Stimmzettel

vote	*direct*	direkte Wahl / Abstimmung
	indirect	indirekte
	préférentiel	Listenauswahl
	secret	geheim
	à main levée	Abstimmung durch Handzeichen
	par procuration	in Vertretung

procéder au vote d'une décision		zur Abstimmung schreiten
donner sa voix à	un candidat	stimmen für
voter pour		stimmen für
voter contre		stimmen gegen
s'abstenir		sich der Stimme enthalten
déposer	*une bulletin blanc* dans l'urne	abgeben ◇ ungültige Stimme
	un bulletin nul	sich enthalten

voter	une *loi*	verabschieden ◇ Gesetz
	un *décret*	Verordnung
adopter	une *proposition de loi*	annehmen ◇ Gesetzvorlage
	une *résolution*	Entschließung

cette proposition	a été adoptée	*à la majorité*	mit absoluter Mehrheit
cette résolution	a été *approuvée*	*absolue*	angenommen
	a obtenu	la majorité	
		absolue	
au premier tour			im ersten Wahlgang
au second tour			

une proposition	*n'atteint pas*	erreicht nicht
	n'*obtient pas*	erzielt nicht
	ne *totalise* pas	erreicht nicht
	ne *recueille* pas	erreicht nicht

les voix nécessaires
la majorité | des voix
     | des suffrages

| la proposition a été | *rejetée* | abgelehnt |
| | refusée | |

7. Candidat (m.)   Kandidat

aspirant (m.)   Anwärter
postulant (m.)   Bewerber

être candidat	*à* des *élections*	kandidieren ◇ Wahl
se présenter comme candidat		kandidieren
poser | *sa candidature*	pour un *poste*	sich bewerben ◇ Stelle
	pour une *charge*	Amt
retirer |		zurückziehen

proposer quelqu'un comme candidat	à un poste	vorschlagen
désigner		bestimmen
recommander		empfehlen
élire quelqu'un *président*		zum Präsidenten wählen

| un candidat | *espère* | être élu | hofft |
| | *est sûr* de | | ist sicher |

un candidat	*gagne* | les élections		gewinnt
	perd |		verliert
	obtient le nombre de *voix*	*nécessaire*	erreicht
		suffisants	vereinigt auf sich ◇ Stimmen

présenter	un candidat	vorstellen
élire		wählen
réélire		wiederwählen
donner sa voix à		wählen für

trop de candidats	candidats se sont *présentés*	aufgetreten
beaucoup de		
peu de		

8. Résultats (m. p.) des élections — Wahlergebnis

a été *élu*	président	monsieur ...	gewählt
	vice-président		
	membre		Mitglied

obtenir	la *majorité*	absolue	erreichen ◇ Mehrheit
		relative	
	cent *votes*	*pour*	Ja-Stimmen
	cent *voix*		

résultat	du *vote*	Wahl
	du *scrutin*	Wahlgang
	des *élections*	Wahl

le *dépouillement* des voix	a *donné* les résultats	Auszählung ◇ ergeben
le *scrutin*		Wahlgang
	suivants:	

– *voix exprimées:*	332	abgegebene Stimmen
– *électeurs:*	332	Wähler
– *bulletins:* *déposés:*	332	abgegebene Stimmen
nuls:	0	ungültige
blancs:	32	Enthaltungen
pour:	150	für / Ja-Stimmen
contre:	150	gegen / Nein-Stimmen
– *abstentions:*	32	Enthaltungen

la *proposition* la *résolution*	a été	*adoptée* *ratifiée*	angenommen Vorschlag ◇ ratifiziert Beschluss
par une majorité *écrasante*			überwältigend

approuver *désapprouver* *contester*	l'élection la *nomination*	d'un candidat	begrüßen missbilligen ◇ Ernennung anfechten
invalider *annuler*	le résultat	des élections du vote	für ungültig erklären rückgängig machen

9. Actes (m. p.)
Abhandlungen / Protokolle

compte rendu (m.)   Protokoll
procès-verbal (m.)   Protokoll

lire *approuver* *corriger* *signer*	le compte-rendu le procès-verbal	de la *séance* antérieure de la dernière *réunion*	Sitzung genehmigen ◇ Versammlung berichtigen unterschreiben

rédiger *dresser*	*le compte rendu* *le procès-verbal*	d'une séance
		Protokoll führen Protokoll führen

consigner *inclure*	une *décision* une *proposition* les *résultats du vote*	dans les actes	aufnehmen ◇ Entscheidung vermerken ◇ Vorschlag Wahlergebnis

rédacteur	*du compte rendu* *du procès-verbal* *des actes*
	Protokollführer

Vocabulaire allemand – français

A
Abbau diminution (f.) **92**
abbrechen interrompre 74
abbringen faire renoncer **50**; détourner **50**
Abenteuer aventure (f.) **94**
abfassen rédiger 202
abgeben apporter 11
abgrenzen définir 60; délimiter 60
abhelfen combler 94
Abkommen accord (m.) 146; convention (f.) 24
abkommen s'écarter 60
abkürzen abréger 31
ablehnen décliner 111, 151; écarter 151; refuser 115, 139, 205; rejeter 62, 66, 118, 205; repousser 137, **141**
Ablehnung refus (m.) **138**
ableiten déduire 117, 121
Ableitung déduction (f.) **117, 121**
Abmachung pacte (m.) 24
Abmahnung remontrance (f.) 47; réprimande (f.) 47
Abneigung aversion (f.) 133, **134**
heftige ~ phobie (f.) **134**
abraten déconseiller **50**, 51; dissuader **50**
Absage refus (m.) 78
absagen nier **141**
abschaffen abolir 88; supprimer 88
Abschaffung abolition (f.) 139
Abscheu répulsion (f.) 134; répugnance (f.) **134**
abschließend finalement 105, 173; en conclusion 105; pour conclure 105
abschneiden couper 203
abschwächen: sich ~ diminuer 85
abschweifen s'écarter 60
Abschweifung biais (m.) **31**; digression (f.) 31
absehen: ~ von faire abstraction de 61
Absicht intention (f.) 12, **42**, 44, 45, 159, 178, 183; but (m.) **42**; dessein (m.) 12, **42; die ~ äußern** manifester l'intention **44; die ~ bekunden** manifester l'intention **44; die ~ verbergen** cacher l'intention **45; in der ~** avec l'intention de 43; **andere ~en** autres intentions **58**
absichtlich délibérément 43, 45
absolut absolu/e 131, 158; absolument 142, 176; complètement 193; totalement 116; tout à fait 81; **~ nicht** pas du tout 102
Abstimmung vote (m.) **204**
abstreiten contester **143**
absurd absurde 50, 65, 102, 108, 119, 196

abwälzen rejeter 111
abweichen différer 189, 190; diverger 189; s'éloigner 60; s'écarter 202
abweichend divergent/e 58
abwenden enrayer 86; conjurer 91
achten: ~ auf respecter 202; tenir compte de 102
Achtung considération (f.) **125;** estime (f.) **123; ~ erweisen** témoigner du respect 125; **~ vor dem Leben** respect (m.) de la vie 125; **aus ~ vor** par respect pour 125
affektiert affecté/e **154;** maniéré/e 155
ahnen pressentir 86; **~ lassen** entrevoir 44
aktualisieren actualiser 63
Aktualität: von großer ~ très actuel/le 60
aktuell d'actualité (f.) 60, 64, 72
akut aigu/ë 85
akzeptieren accepter 67, 118, **141;** admettre 127, 142, 189
Alarm alarme (f.) **98; ~ schlagen** donner le signal d'alarme 98
alarmierend alarmant/e 14, 98
Altruismus altruisme (m.) **159**
Alleinrecht apanage (m.) **88**
Allgemeines généralités (f.p.) **60, 172**
allmählich peu à peu 92; progressivement 66, 85
Analyse analyse (f.) **69**, 178
analysieren analyser 38, **59**, 78, 80, 86, 101, 108, 178, 199, 200
anbelangen: was ... anbelangt pour ce qui touche 40; en ce qui concerne ... 173; pour ce qui est de ... 173
ändern changer 41, 57, 63; modifier 41, 47, 52, 57, 202; transformer 41; **das Leben ~** changer de vie 47; **sich ~** évoluer 76
andeuten insinuer 25, 176; suggérer 184
anerkennen admettre **141,** 183; reconnnaître 118, 177; respecter 181
anfangen débuter 201; ouvrir 199
anfechtbar discutable 112, 186
anfechten contester 66, 207
Anfrage demande (f.) 19, **73**
anführen alléguer 52, 101, 113; avancer 49; citer 193; employer 113; énumérer 102
angeben indiquer 200; **genau ~** préciser 17, 37
Angebot offre (f.) 24, 71, 141, 149
angebracht approprié/e 19; pertinent/e 119; sensé/e 183; **~ sein** être opportun 159
angeführt avancé/e 113

angehen aborder 68; réagir 143; **was ... angeht** pour ce qui est ... 186
Angelegenheit affaire (f.) 184; sujet (m.) 49, 199
angemessen adéquat/e 19; opportun/e 53; pertinent/e 183
angeregt animé/e 72; suggéré/e 137
angewandt employé/e 113
angreifen combattre 116
Angriff attaque (f.) 52, **135, 137; in ~ nehmen** aborder 121; affronter 68; envisager 68
ängstigen effrayer 95
Anhänger adepte (m.) 62; partisans 35
ankämpfen affronter 84; **~ gegen** lutter contre 168
Anklage dénonciation (f.) **137**
anknüpfen entamer 72
ankündigen annoncer 14, **44**, 199, 200
ankurbeln stimuler 91
Anlass motif (m.) **99, 101; ~ geben** donner lieu à 99; **~ zur Sorge** sujet (m.) d'inquiétude 166
Anliegen désir (m.) **42;** objectif (m.) 12; plan (m.) **42**
Anmaßung arrogance (f.) **132**
anmerken noter 173
Anmerkung observation (f.) 116, **174**; remarque (f.)29, 121
Annahme hypothèse (f.) 112; supposition (f.)65, **115, **116, 193
annehmbar acceptable 19, 24, 65, 141, 189; admissible 65; valable 112
annehmen accepter 71, 77, 81, **141, 142,** 149; adopter 135, 204, 207; approuver 204; poser comme hypothèse 67; **Gestalt ~** prendre forme 63
anordnen exposer 114**;** classer 114
anpassen: sich ~ s'adapter 77
anprangern dénoncer 55
anregen inciter **45, 47,** 48, 101; pousser **45;** suggérer 25, 37
anregend intéressant/e 10, 60, 61
Anregung suggestion (f.) 24, 37, 187
Ansatz fondement (m.) **115**
Anschaffung acquisition (f.) 51
Anschein apparence (f.) **158**
anschließen: sich ~ abonder 175; adhérer à 67; se rallier 62; se ranger à 40
anschneiden aborder 65
anschuldigen incriminer 138
Anschuldigung accusation (f.) 52, 106; incrimination (f.) **137**
Ansehen estime (f.) **123;** réputation (f.) 96
Ansicht avis (m.) 11, **34, 35**, 37, 39, 158, **172,** 175, 176, 179, 192; conviction (f.) 57; façon (f.) de voir 175; opinion (f.) 57, 135, 162; point (m.) de vue 39; **~en** idées (f.p.) 161
anspielen faire allusion 60
Anspielung allusion (f.) **28**
anspornen stimuler 45

Ansprache allocution (f.) 117; **kurze ~** allocution (f.) 148
Anstand savoir-vivre (m.) 157
anstellen: Vermutungen ~ faire des suppositions 193
Anstieg croissance (f.) **91**
anstiften inciter 57
anthropologisch anthropologique 38, 187
Antipathie antipathie (f.) 133
Antrag demande (f.) 71, 147; requête (f.) 19
antreiben stimuler **45**
Antwort réponse (f.) 18, 120, 147, 152; **ohne ~** sans réponse 18; **~ geben** donner réponse 18
antworten répondre 19, 120, 121, **140,** 152
Anwärter aspirant (m.) **205**
anwenden appliquer 106; employer 117; utiliser 97, 113, 118
Anwendung application (f.) 78, 120
Anwesende assistance (f.) 36, 48, 152, 194; personnes présentes 36, 135, 138
Anwesenheit présence (f.) 200
Anzeichen indice (m.) 182, 187
anziehen attirer 154
Anziehungskraft attirance (f.) **128;** attrait (m.) **128**
Arbeitsloser chômeur (m.) 57
Arbeitslosigkeit chômage (m.) 23, 74
Arbeitssitzung séance (f.) de travail 13, 201
ärgern irriter 147
Argument argument (m.) 50, 52, 82, **112,** 114, 116, 118, 127, 137, 141; **~e** arguments (m.p.) **112; Art von ~** types (m.p.) d'arguments **113**
Argumentation argumentation (f.) 115, 118, 122, 127; raisonnement (m.) **112,** 118; **~ syllogistische** argumentation syllogistique **117**
argumentieren argumenter 113
Arroganz arrogance (f.) 134
Art espèce (f.) 84; nature (f.) 113; ordre (m.) 113; sorte (f.)84, 101; type (m.) 135, 179; **~ von Argumenten** types (m.p.) d'arguments **113; schulmeisterliche ~** pédantisme (m.) 134
Artikel article (m.) 32, 69
Aspekt aspect (m.) 10, 27, 38, 39, 65, 179, **187,** 192; angle (m.) 38
aufdrängen imposer 57
Aufdringlichkeit indiscrétion (f.) 100
Auffassung avis (m.) 40, 175, 189, 189, 190, 191, 192; conception (f.) 39
auffordern engager **47;** exhorter 122; inviter **45, 47**
Aufgabe mission (f.) 29; tâche (f.) 29
aufgeben abandonner 51, 62; laisser tomber 132
auffallen attirer l'attention 92
aufgezwungen imposé/e 142
aufgreifen: wieder ~ reposer 68
aufheben abroger 88; en finir avec 88
aufholen rattraper 94
aufklären tirer au clair 22

auflehnen: sich ~ s'insurger 57; se rebeller 138, 161; se révolter 140; se soulever 57, 140
Auflehnung protestation (f.) **138**
aufmerksam attentionné/e; **~ machen** attirer l'attention 202; avertir **52;** remarquer 173; **~ sein** être attentionné 156
Aufmerksamkeit attention (f.) 100, 151, **155; die ~ lenken** attirer l'attention 68; **die ~ richten** concentrer l'attention 68
aufmuntern décider 48
Aufmunterung exhortation (f.) 47
aufnehmen accueillir 156; consigner 207; tenir tête **140**
aufrichtig sincère 19, 156; sincèrement 40, 151, 181; **~ sein** être sincère 158
Aufrichtigkeit droiture (f.) **157, 181;** sincérité (f.) 131, 147, **154, 157, 181; Mangel an ~** manque (m.) de sincérité **194**
Aufruhr révolte (f.) **138;** insurrection (f.) **138**
aufschieben ajourner 65
Aufschluss éclaircissement (m.) 22
Aufschwung essor (m.) **91**
Aufsehen: ~ erregend spectaculaire 106, 109
aufspüren découvrir 45
Aufstand rébellion (f.) **138;** soulèvement **138**
aufstellen asseoir 115; établir 26, 63
auftauchen apparaître 83; surgir 53, 62
auftreten se présenter 83, 206
aufwerfen poser 68; soulever 49, 117
aufzählen énumérer 49
Aufzeichnung: vorläufige ~ brouillon (m.) **30**
aufzeigen démontrer 113
Augen: die ~ verschließen fermer les yeux 138, 192; **vor ~ führen** faire voir 12, 78; montrer 179; **vor ~ haben** prendre en compte 188
ausbrechen se déclarer 85; **in Jubel ~** faire éclater sa joie 167
ausbreiten: sich ~ se propager 62
Ausdauer ténacité (f.) 110
ausdenken imaginer 63
Ausdruck expression (f.) 22, 97, 123; locution (f.) 22; terme (m.) 22, 97; **zum ~ bringen** exprimer 11, **44;** émettre 11; formuler 38
ausdrücken exprimer 34, 124, 137, 148, 158, 181; formuler 34; **sich ~** s'exprimer 55
ausdrücklich explicitement 44
Ausdrucksweise façon (f.) de parler 123; façon de s'exprimer 123
auseinander: ~ gehen s'opposer 190
Auseinandersetzung controverse (f.) **74,** 117; débat (m.) **74;** dispute (f.) 203; **heftige ~** altercation (f.) 203; **lebhafte ~** altercation (f.) **74**
ausfragen questionner **17**
ausführbar exécutable 82; viable 63
ausführen développer 199; réaliser 63; exécuter 63
ausführlich détaillé/e 13, 23; en détail 20, 22, 100;

explicitement 10; longuement 21, 108; **~ berichten** entrer dans les détails 17; raconter en détail 17; **~ beschreiben** détailler 65; **sehr ~** de manière très détaillée 179; minutieusement 69
Ausführung affirmation (f.) 120; concrétisation (f.) 83; réalisation (f.) 120
Ausgang issue (f.) **107, 121;** sortie (f.p.) 26
Ausgangspunkt base (f.) 193; point (m.) de départ 66, **115**
ausgefallen original/e 61
Ausgeglichenheit sérénité (f.) **164**
ausgehen partir 66, 115, 193; admettre 67
ausgeprägt marqué/e 124
ausgesetzt: wehrlos ~ sein être en proie 168
ausgezeichnet excellent/e 61, 87
Auskunft renseignement (m.) 11, **13**
auslassen omettre 188
auslegen commenter 108; interpréter 178
Auslegung interprétation (f.) 37, 53
auslösen déclencher 99, 117; entraîner 65; être à l'origine de 86; provoquer 21, 129; susciter 99, 140
Ausmaß proportion (f.) 85
ausnutzen profiter 77, 144
Ausrede excuse (f.) 102; faux-fuyant (m.) **102**
ausreden enlever de la tête **50**
ausreichend suffisamment 39
ausruhen: sich auf seinen Lorbeeren ~ se reposer sur ses lauriers 47
Aussage affirmation (f.) 21, 186; assertion (f.) 191; déclaration (f.) 129
aussagen déclarer 21
ausschlagen refuser **141**
ausschlaggebend décisif/ve 102
ausschließlich exclusivement 113, 160, 195; strictement 38; uniquement 163
Ausschluss comité (m.) **198;** commission (f.) **198**
aussetzen: sich ~ s'exposer 16, 53, 95; **sich einer Gefahr ~** courir un danger 96
Aussicht chance (f.) 83; **gute ~en** chances (f.p.) **86**
aussprechen adresser 47; exposer 119; exprimer 156; prononcer 139; **sich ~** se prononcer 25, 124, 131, 136, 137; se déclarer 131
ausstoßen proférer 139
austauschen: Eindrücke ~ échanger des impressions 72
ausüben: Einfluss ~ exercer une influence **56**
ausweichen éluder 65, 194; éviter 61
ausweichend évasif/ve 20
ausweisen présenter 187; renforcer 66
ausweiten: sich ~ prendre de l'ampleur 85
auswirken: sich ~ répercuter 93
Auswirkung effet (m.) 103; implication (f.) **105;** netombées (f.p.) **105;** répercussion (f.) 93; retentissement (m.) **103**
äußerer: ~ Schein apparences (f.p.) 145

außergewöhnlich exceptionnel/le 76, 86; extraordinaire 14, 89, 106, 109

äußern donner 135; émettre 118, 179, 183; exprimer 158, 183, 192; formuler 119, 139; manifester 38, 133, 137; **die Absicht ~** manifester l'intention **44;** **seine Meinung ~** donner son avis 173; **seine persönliche Meinung ~** donner son opinion personnelle **37; sich ~** donner son opinion 38; s'exprimer 180; **Zustimmung ~** se déclarer en faveur 124

außerordentlich énorme 94; extraordinaire 198; extrême 160; extrêmement 13, 46, 86, 160; énormément 128

äußerst extrêmement 39, 84, 109, 155, 186; énormément 147; excessivement 135

Äußerung déclaration (f.) 191

B

basieren être fondé 116; se baser 35, 66; se fonder 112, 114; reposer 112

Basis base (f.) 66, 115

beabsichtigen avoir l'intention de 42; chercher à 58; essayer de 178; prétendre 57, 194; tenter de 121

beachten considérer 78; mettre en valeur 181; prendre en compte 102, 106, 188; tenir compte 84

beachtlich considérable 91, 94, 95

beängstigend angoissant/e 166

beanspruchen revendiquer 46

Beanstandung contestation (f.) **119**

Bedacht: auf seinen Vorteil ~ sein être intéressé 160

bedanken: sich ~ être reconnaissant 156; remercier **151**

bedauerlich déplorable 16, 93

bedauern regretter 15, 20, 111, 147, **149,** 157; déplorer 157

bedenken considérer 78, 102; penser à 185; tenir compte de 106

bedenkenlos sans réserve 40

bedeuten revenir à 20

bedeutend important/e 31, 91

bedeutsam notable 91; **höchst ~ sein** être de la plus haute importance 128

Bedeutung importance (f.) 16, 91, 102, **128,** 185, 192; signification (f.) 22; **~ beimessen** donner de l'importance 102; **von größter ~** être primordial 29

bedienen: sich ~ se servir 118, 159

Bedingung condition (f.) 24, 71, 81, 108, 141, 142, 149

bedingungslos de manière inconditionnelle 143

bedrohen menacer 86; peser sur 95

bedrohlich inquiétant/e 85

Bedrohung menace (f.) 98

bedürfen appeler 186; nécessiter 186; requérir 23

beehren faire l'honneur 200

beeindrucken impressionner 92, 148

beeinflussen déterminer 102; influencer **56**

beenden achever 122; conclure 122; terminer 122, 203

befinden: sich ~ être 85; se trouver 80, 85, 86, 88, 200, 202; être 85

befragen interroger **17,** 49

befriedigen satisfaire 193

befriedigend satisfaisant/e 19, 107

befriedigt: ~ sein être satisfait 166

Befriedigung satisfaction (f.) 146

Befürchtung crainte (f.) 145

befürworten être pour 127; être partisan de 125, 127; soutenir 24

Befürworter partisans (m.p.) 62

Begabung capacité (f.) **180**

begegnen se présenter 84

begehen commettre 96, 97

begeistern enthousiasmer 148

Begeisterung enthousiasme (m.) **163**

beginnen commencer 199, 201; se déclencher 85

begleiten accompagner 151

beglückwünschen féliciter **147,** 148

begreifen saisir 42

begrenzen limiter 203

Begriff concept (m.) **61**

begründen fonder 114; justifier 36; étayer 114

begründet fondé/e 145, 183, 193, 196; justifié/e 101

Begründung fondement (m.) **114; ~ der Meinung** fondement (m.) de l'opinion 35

begrüßen approuver 207

Begünstigung avantage (m.) **88**

Behagen contentement (m.) **166**

behandeln traiter 30, 64, 68, 132, 157, 198, 199, 200

beharrlich avec obstination 126; avec ténacité (f.) 126, 139

Beharrlichkeit opiniâtreté (f.) 110

behaupten affirmer 21, 28, 36, 38, 128, 142, 174, 176, 177, 186, 189, 190; soutenir 38, 176, 177; **sich ~** s'imposer 94

Behauptung affirmation (f.) 23, 51, 97, 106, 114, 115, **116,** 139, 177, 186, 189, 191, 194, 195

beherrschen contrôler 76; maîtriser; dominer 180

Beherrschung sang (m.) froid 165

behindern entraver 91

beibringen apprendre **11**

beimessen accorder 16; **Bedeutung ~** donner de l'importance 102

beinhalten comporter 105, 191, 195

beinhalten réunir 182

beipflichten être d'accord avec 118

beiseite: ~ lassen laisser de côté 132

Beispiel exemple (m.) 38, 49, 114

Beistand appui (m.) **124;** secours (m.) **126,** soutien (m.) **124, 126**

Beitrag intervention (f.) 30, 148, 194, 203
beitragen contribuer 17, 41, **56**
bejahen approuver 127; répondre que oui 20
bekämpfen combattre 139, 143; faire front à 55; s'opposer à 62
bekannt connu/e 60; ~ **geben** rendre public 13; ~ **machen** proclamer 14; faire connaître 10, 63; **allgemein ~ sein** être de notoriété publique 15; **nicht ~ sein** ignorer 185
bekannt: ~ **geben** faire connaître **10**, 179, 200, 202; notifier **11**
bekannt: ~ **gegeben** diffusé/e 14
bekennen: sich ~ s'avouer 150; se reconnaître 150
beklagen déplorer 149; **sich** ~ se plaindre 101
bekommen recevoir 14, 19
bekräftigen corroborer 66; renforcer 114
bekunden manifester 124, 128; **die Absicht** ~ manifester l'intention **44**
Belastung inculpation (f.) **137**
beleidigen offenser 146
bemächtigen: sich ~ s'emparer 170
bemängeln censurer 138
bemerken noter 38; observer 30, 38, 120, 173; remarquer 30
Bemerkung observation (f.) **29**, **119**, 121; remarque (f.) 120, **135**, **182**; **~en** observations (f.p.) **174**
bemühen: sich ~ s'efforcer 43
benachrichtigen aviser **11**, aviser **52**; instruire **11**; notifier **11**
Benachrichtigung communiqué (m.) 191
Benehmen comportement (m.) 133, 137, 147; conduite (f.) 147; façon (f.) de se conduire 155; façon de se comporter 130; maniéres (f.p.) **154**
benehmen: sich ~ se conduire 101; **sich respektlos ~** manquer de respect 125
beneidenswert enviable 163
benutzen avoir recours à 113; invoquer 103; se servir de 117; **etwas als Vorwand ~** se servir de qc comme prétexte 103
beraten: sich ~ prendre conseil 73
Beratung consultation (f.) **73**
berechtigt justifié/e 145, 163; valable 101
Berechtigung bien fondé (m.) 48
Bereich domaine (m.) 92
bereiten procurer 148
Bericht rapport (m.) **13**, 16, 32, 113, 191; récit (m.) **13**, 32
berichten faire part **11;** rapporter 13; relater 13; rendre compte 13; **ausführlich ~** entrer dans les détails 17; raconter en détail 17
berichtigen corriger 97, 207; rectifier 41
berücksichtigen prendre en compte 78, 82, 83; prendre en considération 185; tenir compte 25, 84
berufen: sich ~ auf invoquer 36, 114; s'en référer 73
Berufsausbildung formation professionnelle 92

beruhen reposer 35, 114; être fondé 114; ~ **auf** se baser sur 66
beruhigen calmer 48
berühren: peinlich ~ gêner **146**
beschäftigen préoccuper 11, 166
Beschäftigung emploi (m.) 89
beschließen décider 71; déterminer 71
Beschluss résolution (f.) 27, 32, 139, 180, 207; **einen ~ fassen** prendre une disposition 70
beschreiben décrire **9**, 178, 179; raconter 13; **ausführlich ~** détailler 65
Beschreibung description (f.) 178
beschuldigen accuser 111, 138, **150**; incriminer **150**
Beschuldigung accusation (f.) 106, 126, **137**, 193
beseitigen dissiper 52; éliminer 121; écarter 121; lever 184
besitzen jouir de 88; **besitzen** posséder 181
Besonderheit particularité (f.) **16**
besonders en particulier 68; particulièrement 172
Besorgnis: ~ **erregend** alarmant/e 85; critique 86; préoccupant/e 166; inquiétant/e 166
besorgt: ~ **sein** être inquiet 165; être préoccupé 165; être tourmenté 165; être soucieux 165
besprechen commenter **59**, 199; débattre 200; discuter **23**, 68; épiloguer **23**
Besprechung colloque (m.) **71;** discussion (f.) 13
besser: ~ **werden** s'améliorer 76; **sich ~n** s'améliorer 92
Bestandteil élément (m.) **102**
bestärken conforter **45**
bestätigen confirmer 38, 66, 182; vérifier 182
bestehen persister 184; **es besteht die Möglichkeit** il y a des chances 81; **kein Zweifel ~** ne pas avoir l'ombre d'un doute 172
bestimmen désigner 205; déterminer 102
bestimmt arrêté/e 61; catégorique 19; précis/e 66
bestreiten contester 116; réfuter **143**
Bestürzung consternation (f.) **164;** trouble (m.) **98**
beteiligen: sich ~ participer **203**
Beteiligung participation (f.) 92
betonen accentuer **27;** insister sur 27; mettre l'accent sur 16, **27**, 181; souligner 102
Betracht: in ~ ziehen considérer 188; prendre en compte 185
betrachten considérer 40, 160, 194; voir 160; ~ **als** estimer 116
beträchtlich énorme 80; sérieux/se 85; considérablement 92
Betrachtung considération (f.) 122; méditation (f.) **70**
Betragen façon (f.) de se conduire 130
betreffen affecter 24, 93, 173, 186
betreffend en ce qui concerne 120
Betrübnis affliction (f.) **167**, **168**
betrübt: ~ **sein** être peiné 167, 168; être affligé 167, 168; être attristé 167; être chagriné 167

Betrug tromperie (f.) **158**
beunruhigen inquiéter 166; préoccuper 95; tracasser 95
beunruhigend inquiétant/e 14, 85, 98; ~ **sein** s'inquiéter 98
beurteilen émettre un jugement 135; juger 178, 179, 192, 193; mesurer 185
Beurteilung jugement (m.) 179
bevorrechtigen privilégier 88
bevorzugen avantager 88
Bevorzugung distinction (f.) **88; ungerechte** ~ passe-droit (m.) **88**
bewegen animer 43; pousser **47, 48; sich** ~ reculer **142**
Beweggrund mobile (m.) **99, 101**
Beweis preuve (f.) 36, **112**, 115, 118
beweisen démontrer 36, 113, 199; faire preuve de 94; prouver 36, 113, 114, 116
Beweisführung argumentation (f.) **112**, 118, 183; démonstration (f.) **112**; raisonnement (m.) 115, **117**
Beweiskraft force (f.) de persuasion 49
beweiskräftig convaincant/e 36; probant/e 36
bewerben: sich ~ poser sa candidature 205
Bewerber postulant (m.) **205**
bewerten calculer 185
bewundern admirer 178
bewundernswert admirable 180
Bewunderung admiration (f.) **125**
bewusst: ~ **sein** être conscient 150; prendre conscience 97; **ganz** ~ sciemment 104
bezeichnen qualifier 195
bezichtigen inculper **150**
beziehen: sich ~ se référer 28, 186
Beziehung: in ~ **bringen** mettre en relation **25; in** ~ **setzen** rapprocher **25**
Bezug référence (f.) **173**; ~ **nehmen** faire référence 28
bezwecken avoir pour but 56
bieten offrir 79; présenter 78, 79; prier 122; **die Stirn** ~ affronter 84; faire face **143**
bilden: sich ~ se forger 39; se faire 39, 61, 173
billigen accepter 127, 177, 189, 202; approuver 24, 134, **141,** 183; donner son approbation 127
Billigung approbation (f.) **175**
Binsenwahrheit lapalissade (f.) 194; vérité (f.) de Lapalisse 194
bissig caustique 28; mordant/e 28
Bitte demande (f.) 81, 146; souhait (m.) 19, 81
bitten demander **47**, 87, 201; prier 13, 153; solliciter 19; **höflich** ~ prier 201; **um das Wort** ~ demander la parole 203; **um die Meinung** ~ demander l'opinion 73; demander l'avis 73; **um Rat** ~ demander conseil 73; **um Verzeihung** ~ demander pardon **152**
bitter amère 169

Bitterkeit amertume (f.) **168**
blasen: Trübsal ~ broyer du noir 164
bleiben rester 17, 18, 132, 174, 184; **erfolglos** ~ ne donner aucun résultat 108; **offen** ~ rester ouvert 12
blind aveugle 143
blitzartig subite 140
blockieren contrecarrer 25
Boden: an ~ **verlieren** perdre du terrain 62
böse mauvais/e 42
böswillig malveillant/e 42
brauchen avoir besoin de 71; falloir 71
bringen amener 48, 101; entraîner 99; ~ **in Gefahr** ~ mettre sur le tapis 64; **dazu** ~ amener à 41, 48; **in Gefahr** ~ mettre en danger 86, 95; **mit sich** ~ entraîner 78, 80, 97, 103, 185; impliquer 105; soulever 68; **Unglück:** ~ porter malheur 90; **zu einem guten Ende** ~ mener à bien 107; mener à terme 107; à bonne fin 107; **zu Ende** ~ achever 203; **zum Ausdruck** ~ exprimer 11, **44**; émettre 11; formuler 38; aborder 60, 68; faire mention de 28; **zur Vernunft** ~ faire entendre raison **48**
bündig: kurz und ~ de façon succincte 31

C
Chance opportunité (f.) **86; die ~n stehen gleich** il y a une chance sur deux 89

D
Dank reconnaissance (f.) 156
dankbar reconnaissant/e 151, 152; ~ **sein** être reconnaissant **151**
Dankbarkeit reconnaissance (f.) 124; gratitude (f.) 124
danken remercier 87, 124, 156, 181; **herzlich** ~ remercier sincèrement 152
Dank: ~ **sagen** exprimer sa gratitude **151**
darlegen déclarer **44**; développer 113; **darlegen** exposer 23, 27, 34, 38, 60, 63, 66, 78, 114, 178, 179, 199; formuler 32, 40; **kurz** ~ énoncer 199
darstellen exposer **10**, 11, 25, 30, 49, 62, 65, 68, 178, 186, 203
Darstellung exposé (m.) **13,** 16, 178; présentation (f.) 10
Daten données (m.p.) 66
Debatte discussion (f.) 24
deduktiv déductif/ve 112
Demokratisierung démocratisation (f.) 92
Demonstrant manifestant (m.) 48, 57
denkbar probable 65
denken penser 34, 50, 55, 70, 78, 83, 160, 172; cogiter 70
Denkweise mode (m.) de pensée 56
Depression dépression (f.) **168**

eintreten intervenir 102, 126; **~ für** intervenir en faveur de **51**
einverstanden: **~ sein** consentir 161; être d'accord 186, 189; **sich ~ erklären** se déclarer d'accord; se montrer d'accord 127; **sich nicht ~ erklären** se déclarer contre 136
Einverständnis accord (m.) 40, **127, 175; heimliches ~** connivence (f.) **127**
Einwand critique (f.) 52, **119;** objection (f.) 19, 52, 120, **182,** 196; opposition (f.) **119**
Einwände: ~ erheben faire des objections 119
einwenden objecter 119, 120, 186, 188
einwilligen consentir **141**
Einwilligung accord (m.) 146; consentement (m.) **127, 161**
einwirken agir **56;** influer **56**
Einzelheit détail (m.) **16; in allen ~en** en détail 10
Ekel dégoût (m.) **134**
Element: strukturierende ~e éléments structurants (m.p) **173**
empfangen recevoir 132, 156, 157
empfehlen conseiller 25, 205
empörend révoltant/e 146
Empörung indignation (f.) 136, 137
Ende: ein ~ setzen mettre fin à 88; mettre un terme à 88; **letzten ~s** en définitive 173; **zu ~ bringen** achever 203
endlos interminable 74, 117
energisch avec fermeté 25; énergique 19; énergiquement 25, 141, 143
entbehren manquer 66; **jeder Grundlage ~** être sans fondement 193
entdecken découvrir 100
entgegengebracht manifesté/e 156
entgegengesetzt opposé/e 58
entgegenkommend affable 157
Entgegenkommen prévenance (f.) 157
entgegenkommen rendre service 81
entgegensetzen répondre 186
entgegentreten contrer **140;** parer à 121
entgegenwirken entraver 77; riposter **19**
entgegnen répliquer 120
entgehen échapper à 53; **sich ~ lassen** laisser passer 87
enthalten impliquer 103; **sich ~** s'abstenir 131; **sich der Meinungsäußerung ~** s'abstenir de donner son opinion **38; sich der stimme ~** s'abstenir 204
Enthaltung abstention (f.) 206; bulletin blanc 206
enthüllen dévoiler **44;** révéler **44**
entlasten innocenter **51**
entscheiden décider 13, 53, 71; **sich ~** se déterminer 49; **sich ~** se prononcer 70; se décider 70
entscheidend capital/e 91; crucial/e 64, 67; décisif/ve 64
Entscheidung décision (f.) 10, 11, 16, 20, 27, 50, 53, 57, 78, 103, 105, 106, 139, 146, 148, 177, 179,

180, 185, 207; **eine ~ treffen** prendre une décision 70
entschieden énergique 19; avec détermination 52; catégoriquement 25, 137, 139, 141; fermement 143
entschließen: **sich ~** se décider 49
Entschließung résolution (f.) 204
entschlossen avec courage 52; avec énergie 143; **~ sein** être déterminé à 55
Entschluss décision (f.) 74, 104; résolution (f.) 103, 104, 106, 129
entschuldigen faire des excuses **152; sich ~** s'excuser 150, **152**
Entsetzen stupeur (f.) **129**
entsinnen: **sich ~** se souvenir 172
entsprechen accéder 146, 147; satisfaire 146; consentir 81;
équivaloir 20; répondre 40, 108
entstehen naître 144
entstellen déformer 191
enttäuschen décevoir 169
enttäuschend décevant/e 107
enttäuscht: **~ sein** être déçu/e; être désappointé/e 169; être désillusionné/e 169
Enttäuschung déception (f.) **164, 169;** désenchantement (m.) **164, 168, 169;** désappointement (m.) **164;** déconvenue (f.) **169;** désillusion (f.) **164;** mécompte (m.) **169**
entwerfen concevoir 63; échafauder 63; esquisser 30
Entwicklung développement (m.) **91,** 93; évolution (f.) **91;** tournure (f.) 129
entwirren démêler **22**
Entwurf ébauche (f.) **30**
entziehen refuser 203
entzücken enchanter **146**
Entzücken ravissement (m.) **166**
erachten estimer 121
Erachten jugement (m.) **172**
erarbeiten élaborer 63, 69
erbitten demander 11
erbittert acharné/e 74, 117; passionné/e 117
Ereignis événement (m.) **14, 15,** 16, 26, 27, 72, 98, 166, 167, 178, 192; incident (m.) 178; événement (m.) 98
erfahren apprendre 36; éprouver 169; avoir 169
Erfahrung expérience (f.) 39, 66, 110; **gemachte ~** expérience vécue 115
Erfolg succès (m.) 62, **109,** 129, 148; réussite (f.) **109**
erfolglos: **~ bleiben** ne donner aucun résultat 108
erfolgreich fructueux/se 72; **~ durchführen** réussir 44
erforderlich: **~ sein** être nécessaire 104; falloir 136
erfordern exiger 23, 29
erforschen rechercher 100, 101
erfreuen faire plaisir **146**

ergeben donner 206; **sich ~** découler 103, 104; se déduire 195; surgir 83

Ergebnis fruit (m.) **107**; **Ergebnis** résultat (m.) 10, 74, **103, 106, 107**, 108, **121**, 185; effet (m.) 185

ergiebig: ~ sein être profitable 79

ergreifen prendre 23, 37, 203; **das Wort ~** parler 126; **eine Maßnahme ~** prendre une mesure 47, 140; **Partei ~** prendre parti 124, **51**

erhalten obtenir 19, 120; recevoir 11

erheben élever 136; **Einwände ~** faire des objections 119; **sich ~** s'insurger 138, 140; se soulever 138; se dresser 140; se révolter 161

erheblich considérablement 77

erkennen découvrir 12; reconnaître 97; remarquer 80; **~ lassen** faire preuve de 161; laisser apparaître 94; **sich ~ lassen** se percevoir 58

erkenntlich: sich ~ zeigen exprimer sa gratitude 152

erklären déclarer 21, 177, 190; expliquer **10, 21, 22**, 63, 78, 100, 120, 128, 199; élucider 121; préciser 120; **für ungültig ~** invalider 207; **sich ~** s'expliquer 93; se déclarer 150; **sich einverstanden ~** se déclarer d'accord; se montrer d'accord 127; **sich solidarisch ~** devenir solidaire 57; se déclarer solidaire 124

Erklärung commentaire (m.) 22; déclaration (f.) 32, 159, 189, 191; éclaircissement (m.) 186; explication (f.) 10, **29**, 97, 117, 134, 186, 193, 194

erkundigen: sich ~ s'informer **17**

erlahmen languir 72

erlangen acquérir 95; obtenir 165

erlauben permettre 11, 18, 24, 33, 71, 119, 201

Erlaubnis permission (f.) 201; autorisation (f.) 201

erläutern expliquer **10**, 30, 32; préciser 44

Erläuterung éclaircissement (m.) 194, 203; explication (f.) 203

erleben traverser 86

erleichtern faciliter 81

erleiden essuyer 111; subir 111

Ermahnung recommandation (f.) **98**

Ermessen appréciation (f.) **172**

ermöglichen permettre 81

ermuntern exhorter **45**

ermutigen encourager **45**, 48; exhorter **47**

Ernennung nomination (f.) 148, 207

ernst grave 85, 94; sérieux/se 93, 95

Ernst gravité (f.) 28, 49

ernsthaft sérieux/se 24, 69, 101; sérieusement 49, 70

Ernsthaftigkeit sérieux (m.) 29, 49, 147, 155

ernstlich sérieusement 104

ernst: ~ zu nehmend sérieux/se 25

ernüchtert: ~ sein être désappointé 169; être désappointé/e; être désenchanté/e 169

Ernüchterung désillusion (f.) **169**

eröffnen établir 73; ouvrir 46, 201

erörtern débattre **23**, 200

erraten: ~ lassen deviner 44, 58

erregen susciter 135, 145; **Verdacht ~** éveiller les soupçons 145

erreichen atteindre 44, 108, 110, 165, 205; obtenir 42, 62, 95, 206; totaliser 205; recueillir 205

erringen remporter 96, 109

erscheinen apparaître 58, 62

erschweren compliquer 83; entraver 110; gêner 77; rendre difficile **54**

Erstaunen étonnement (m.) **129**; **höchstes ~** stupéfaction (f.) **129**

erstaunlich étonnant/e 109; surprenant/e 91

erstreben prétendre 44

Ersuchen demande (f.) 152

erteilen accorder 203; céder 203; donner 11, 203; passer 203

Ertrag produit (m.) **107**

Erwägung considération (f.) 116

erwähnen faire mention de 28

erwähnen mentionner 28, 41, 61, 114, 118, 188, 192, 193, 194

Erwähnung mention (f.) **28**

erwarten attendre 107; espérer 107

Erwartung attente (f.) 40, 108

erwecken susciter 46

erweisen faire preuve 151, 156; **Achtung ~** témoigner du respect 125; **sich ~ als** s'avérer 82

Erwerb acquisition (f.) 78

erwidern répliquer **19**, 120

Erwiderung réplique (f.) **119, 120**

erzeugen: Schuldgefühle ~ culpabiliser **150**

erzielen obtenir 62, 106, 108, 205; **Einstimmigkeit ~** faire l'unanimité 40

ethisch éthique 28

etwaig éventuel/le 121

Euphorie euphorie (f.) **163**

Eventualität éventualité (f.) **82**

exakt exact/e 15, 105; rigoureux/se 69

F

fabelhaft inouï/e 86

Fachmann expert (m.) 73, 117; spécialiste (m.f.) 180

fade insipide 72

Fähigkeit aptitude (f.) **180**; capacité (f.) 145

Fakten faits (m.p.) 66, 178

Faktor facteur (m.) **102, 77**

Faktum fait (m.) 104

falsch erroné/e 105, 112; faux/sse 61, 97, 105, 193; **~e Hoffnung** illusion (f.) **163**

Falschheit fausseté (f.) 159, **194**

fallen (ins Wort) couper 203

fallend décroissant/e 114

Fanatismus fanatisme (m.) **161**

fassen prendre 104; **einen Beschluss ~** prendre une disposition 70

Fehler faute (f.) **96**, 104, 150, 159, **seine ~ gestehen** reconnaître ses erreurs **142**
fehlschlagen tourner court 110
Feind ennemi (m.) **118**
Feindschaft inimitié (f.) 133, **134**
fertig: ~ werden faire face à 86
festigen consolider 58
festlegen fixer 200, 203
feststellen constater 30, 38, 80, 134, 146, 155, 173; voir 78
Feststellung affirmation (f.) 187; constatation (f.) 194
finanziell financier/ère 85
finden trouver 68, 89, 103; estimer 172; **sympathisch ~** avoir de la sympathie 123; éprouver de la sympathie 123; ressentir de la sympathie 123
flüchtig court/e 31; sommairement 69
Folge conséquence (f.) 16, 27, 93, 97, **103, 105, 106, 107, 121,** 151, 185; effet (m.) 74, 107; incidence (f.) 93; suite (f.) **103, 106, 107; zur ~ haben** comporter 80; s'en suivre 104
Folgeerscheinung séquelle (f.) **103**
folgenschwer fatal/e 96
folgern conclure 117
Folgerung déduction (f.) **105, 121**
folglich par conséquent **104, 105**
fördern développer 92; encourager 124
fordern exiger 46; favoriser 77, 91; réclamer 19, 56
Forderung exigence (f.) 71
formulieren formuler 34, 44, 66, 82, 116, 119, 182, 184, 192, 195, 199; **genauer ~** préciser 18; **klar ~** expliciter 199
Fortschritt progrès (m.) **91**
fortsetzen continuer 74; poursuivre 73; reprendre 72
Frage question (f.) 10, 24, 34, 37, 40, 49, **60, 64, 67,** 69, **73,** 121, 128, 135, 178, 179, 187, 199; sujet (m.) 188; **eine ~ stellen** demander 18; **in ~ stellen** mettre en doute 115, 177, 116, 184, 191; mettre en question 177
fragen demander **17; nach der Meinung ~** demander l'avis **36; um Rat ~** consulter **17**
frei: sich ~ machen se débarrasser 192
Freiheit liberté (f.) 46
freilich réellement 187
freimütig franchement 158
freizügig généreux/se 160
Freude joie (f.) 146, 148, **166,** 201; plaisir (m.) 148, **166; ~ haben** avoir du plaisir **146; außer sich vor ~ sein** être fou de joie 167; **große ~** satisfaction (f.) 146
freudig: sehr ~ excellent/e 14
freuen: sich ~ avoir le plaisir 15
freundlich aimable 151; amical/e 47; **freundlich: ~ sein** avoir l'amabilité 37; avoir l'obligeance 37
Freundlichkeit amabilité (f.) 147, **155,** 157
Freundschaft amitié (f.) **123**

freundschaftlich amicalement 47
fröhlich: ~ sein être joyeux 166
Fröhlichkeit réjouissance (f.) **166**
frustriert: ~ sein être frustré/e 169
fügen: sich ~ se soumettre **142**; se plier **142**
fühlen ressentir 135, 158; **sich ~** se sentir 53, 150; **sich solidarisch ~** se sentir solidaire 124
führen aboutir 108; pousser 101; **Protokoll ~** rédiger le compte rendu 207; dresser le compte rendu 207; **vor Augen ~** faire voir 12, 78; montrer 179
Führungskräfte dirigeants (m.p.) 49
Führungsspitze structures (f.p.) de gestion 92
fundiert solide 181
fürchten craindre **144, 145**

G

ganz absolument 81, 165; complètement 43, 77, 96; entièrement 100, 132, pleinement 104, 166; totalement 144, 175, 189; **~ und gar** complètement 100; pleinement 40; totalement 40; **voll und ~** entièrement 143
gänzlich entièrement 106; radicalement 41; totalement 143
garantieren garantir 110
Gast invité (m.) 117, 200, 201
geben donner 11, 34, 68, 152; faire 30; faire retomber 111, **Anlass ~** donner lieu à 99; **Antwort ~** donner réponse 18; **bekannt ~** rendre public 13; **einen Ratschlag ~** donner un conseil 24; **Nachricht ~** rendre compte **11; Recht ~** donner raison **176; sich ~** se montrer 131; **von sich ~** émettre 39
Gebiet domaine (m.) 91, 180, 181; matière (f.) 114; région (f.) 10, 12, 126; sujet (m.) 39
geboren: ~ werden naître 62
gebrauchen employer 97; utiliser 117, 159; recourir à 117
Gedanke idée (f.) 11, 26, 83, 115; pensée (f.) **61, 70; sich ~n machen** penser 48
Gedankengang raisonnement (m.) **112**
Geduld patience (f.) 151
geeignet pertinent/e 21
Gefahr danger (m.) 53, **94, 95,** 98; **große ~** péril (m.) **94, 95; die ~ laufen** courir le risque 95; encourir le risque 95; **in ~ bringen** mettre en danger 86, 95; **sich einer ~ aussetzen ~** courir un danger 96
gefährden mettre en péril 95
gefährdet: ~ sein être en danger 96
gefährlich dangereux/se 76
gefallen plaire **146,** 148, 155
gefällig obligeant/e 156; **~ sein** être serviable 156
Gefühl sentiment (m.) 46
gefühlsbetont sentimental/e 113
gefühllos impasible 132

Gefühllosigkeit froideur (f.) **131**
gegensätzlich contraire 106
gegenseitig: ~e Hilfe entraide (f.) **124**
Gegenstand objet (m.) **60**, 199; sujet (m.) **60**, 74
Gegenthese thèse (f.) adverse 120
gegenüberstellen confronter **25**; opposer **25**
Gegenvorschlag alternative (f.) **179**
gegenwärtig actuel/le 77; ~e Lage circonstances (f.p.) actuelles **76**
Gegner adversaire (m.) 35, 52, **118**; antagoniste (m.) **118**; concurrent (m.) **118**; opposant (m.) **118**
Gehabe: schulmeisterliches ~ pédantisme (m.) **154**
geheim secret/ète 42, 204
gelassen avec sérénité 23, 165
Gelassenheit calme (m.) **164**; flegme (m.) **131**
gelegen propice 87
Gelegenheit éventualité (f.) **82**; occasion (f.) **86**
Gelehrsamkeit érudition (f.) **147**
gelingen aboutir 182; arriver 84
Gelingen réussite (f.) **109**
geltend: ~ machen faire valoir 56; invoquer 88
gemeinsam: ~e Sache machen faire cause commune 124
Gemeinschaftsgeist solidarité (f.) 92
genau exact/e 13, 61, 69; précis/e 15, 23; avec précision 200; de façon exacte 179; de façon précise 179; exactement 69; ~ angeben préciser 17, 37; ~ formulieren préciser 18
genauestens parfaitement 180
Genauigkeit exactitude (f.) 69, **179**
genehmigen approuver 202, 207
Genehmigung autorisation (f.) **127**
genial génial/e 61
Genugtuung satisfaction (f.) 148
gepeinigt: ~ sein être tourmenté 165; être tracassé 165
gerechtfertigt juste 183; justifié/e 88
Geringschätzung mépris (m.) **132**
Gerücht bruit (m.) 15
geschehen arriver 81; se produire 100
geschickt habilement 158
Geschwätz bavardage (m.) **71**
gesellschaftlich social/e 58, 67
Gesellschaftsauffassung conception (f.) de la société 56
Gesetz loi (f.) 28, 139, 204
Gesetzesvorlage proposition (f.) de loi 204
Gesichtspunkt aspect (m.) 27, 174; point (m.) de vue 26, **34**, 38, 160, **172**, 175, **187**, 189, 200; angle (m.) 65; coutures (f.p.) 65
Gespräch conversation (f.) 13, **71**, **73**, 108, 203; discussion (f.) **71**; entretien (m.) 32; allocution (f.) 30
Gestalt: ~ annehmen prendre forme 63
gestatten permettre 203
Geste geste (m.) 155
gestehen: seine Fehler ~ reconnaître ses erreurs **142**

gesund: ~er Menschenverstand bon sens (m.) 147
getäuscht: ~e Hoffnung désappointement (m.) **169**
gewähren accorder 88
gewaltig énorme 78, 85, 91, 97
Gewalttat violence (f.) 57
gewichtig de poids 36, 50, 52
gewidmet: ~ sein être consacré/e 72
gewinnen gagner 205; für sich ~ gagner 56
gewiss certain/e 84, 155, 165, 187; ~ sein ne pas avoir aucun doute 172
Gewissheit certitude (f.) **164**
Gewohnheit coutume (f.) 28, 55
geziert maniéré/e 155
Geziertheit recherche (f.) 155
gezwungen: sich ~ sehen se voir dans la nécessité 136; se voir obligé 136
glatt catégoriquement 143; énergiquement 139
glauben croire 34, 83, 109, 142, 172, 184; fest ~ avoir bon espoir 144
glaubhaft plausible 22; vraisemblable 116
Gleichberechtigung égalité (f.) des droits 46
gleichgültig indifférent/e 132
Gleichgültigkeit indifférence (f.) **131**, 158; indolence (f.) **131**
Glück chance (f.) **89**; das ~ ist uns hold la chance nous sourit 110;
glücklich: ~ sein être heureux 166; ~er Zufall aubaine (f.) **86**
Grad degré (m.) 84
gratulieren adresser ses félicitations 148; féliciter **147**
greifbar concret/ète 23
grob approximatif/e 61; ~e Züge grandes lignes 30; lignes générales 30
groß grand/e 154; énorme 78, 80, 91; immense 201, 146; profond/e 134, 146, 160; sehr ~ capital/e 128
großartig formidable 86, 107, 109; génial/e 61
Großherzigkeit magnanimité (f.) **159**
Großmut générosité (f.) **159**
größtenteils pour la plupart 113
großzügig désintéressé/e 160
Großzügigkeit générosité (f.) 147; largesse (f.) **159**
Grund raison (f.) 36, 41, 49, 50, 52, 82, **99**, **101**, **112**, 141, 177; fondement (m.) 134; motif (m.) 86, **101**
gründen: ~ auf être basé/e sur 66; sich ~ s'appuyer 116
Grundlage base (f.) 66, **114**, **115**, 196; fondement (m.) 66; argument (m.) 114; jeder ~ entbehren être sans fondement 193
grundlegend fondamental/e 100; primordial/e 100
gründlich à fond 69, 180; attentivement 108; avec soin 100; longuement 70, 104
Gründlichkeit rigueur (f.) **179**
Grundsatz principe (m.) 103
gültig valable 112

günstig favorable 19, 76, 77, 87; privilégié/e 88; **~e Umstände** circonstances (f.p.) favorables **86**
Günstlingswirtschaft favoritisme (m.) 55
Güte bonté (f.) **159**
Gutgläubigkeit bonne foi 144

H
Haftung responsabilité (f.) 151
halten: ~ als considérer 116; juger 116; **für wahr ~** donner crédit 142; **sich ~** se tenir 202
Haltung attitude (f.) **123;**132, 133, 136, 137, 139, 147, 155, 160, 162, 180; position (f.) 135, 139
Handeln actes (m.p.) 104
handeln agir 71, 79, **140,** 154; passer à l'action 47; traiter 72; **sich ~** s'agir 200
Handelskrise crise commerciale 86
Handzeichen: durch ~ à main levée 204
hart dur 46, 136; acharné/e 117; serré/e 74; sévère 134, 135, 136, 183
Härte sévérité (f.) **161**
hartnäckig avec acharnement 52, 139; avec obstination 139
hassen haïr 135
Hauptgedanke idée principale 199
Hauptversammlung réunion générale 198
Hass haine (f.) **134**
heftig véhément 74; violent 134, 135, 136, 140; brusque 140; avec passion 75; avec véhémence 23, 137; vivement 20; **~e Abneigung** phobie (f.) **134; ~e Auseinandersetzung** altercation (f.) 203
Heftigkeit vivacité (f.) 20
heikel délicat/e 17, 46, 60, 61, 64, 67, 76
heimlich: ~es Einverständnis connivence (f.) **127**
helfen aider **45,** 149, 151; permettre 17
hellhörig: ~ sein rester sur le qui vive 53
hemmen freiner 91; gêner 91
heranziehen alléguer 36
herausfinden découvrir 17; déchiffrer 45
herkommen provenir 104
herrühren résulter 104
herunterspielen minimiser 192
hervorheben faire ressortir 27; mettre en évidence **27;** mettre en relief 27; souligner 181; **mit Nachdruck ~** appuyer **27**
hervorrufen causer 46, 135; inspirer 46, 145; provoquer 46, 65, 100, 140, 166; susciter 21, 130
herzlich cordialement 151, 156; chaleureusement 47; de tout coeur 156; **~ danken** remercier sincèrement 152
Herzlichkeit cordialité (f.) **123**
Heuchelei hypocrisie (f.) 159, **194**
hiebfest sans faille 112
Hilfe aide (f.) **124, 126;** assistance (f.) 124; secours (m.) **126; gegenseitige ~** entraide (f.) **124**
hindern empêcher 77; entraver **54**

Hindernis empêchement (m.) **83;** obstacle (m.) 12, 64, **79, 83,** 109
hinnehmen accepter 104; tolérer 161
Hinsicht façon (f.) 97; **in mancher ~** partiellement 141
hinsichtlich concernant 11
Hintergründe dessous (m.p.) 17
hinwegsehen ignorer 132
Hinweis allusion (f.) **28;** avertissement (m.) **29;** avis (m.) **98;** indication (f.) 11; information (f.) 89; référence (f.) **28**
hinweisen faire allusion 28; faire remarquer 38; signaler 29
hinzufügen ajouter 120, 174, 186
hinzusetzen ajouter 120
hitzig ardemment 23
Hochachtung respect (m.) 123
Hochmut orgueil (m.) 134
hoffen espérer 144, 205
Hoffnung espoir (m.) 46, 170; **falsche ~** illusion (f.) **163; getäuschte ~** désappointement (m.) **169**
höflich courtois/e 157; poli 156; respectueusement 47; **~ bitten** prier 201; **~ sein** être poli 156
Höflichkeit courtoisie (f.) **155,** 157; gentillesse (f.) 157; politesse (f.) **155,** 157
Herzlichkeit cordialité (f.) **155**
hören entendre 36; entendre dire 15
Hörerschaft auditoire (m.) 56
Horizont horizon (m.) 12, 46
Hypothese hypothèse (f.) **65, 80,** 182

I
Ichbezogenheit égocentrisme (m.) 160
Ideal idéal (m.) 124; idéologie (f.) 125
Idee idée (f.) 37, **42,** 51, 54, 57, **61, 63,** 124, 141, 182
identifizieren: sich ~ s'identifier 123
ignorieren ignorer 43
inakzeptabel inacceptable 141
indiskret indiscret/ète 17
Individualismus individualisme (m.) **160**
induktiv inductif/ve 112
industriell industriel/le 85, 93
Industriezweig secteur (m.) de l'industrie 86
Information information (f.) **13, 185**
informieren informer **10, 11,** 13, 15, 149, 151; renseigner **11; sich ~** s'informer **10**
Inhalt contenu (m.) 31; **zum ~ haben** porter sur 72
Inkompetenz incompétence (f.) 110, **193**
inständig instamment 47
instinktiv instinctif/ve 134
Intention intention (f.) **42**
interessant intéressant/e 10, 60, 61, 65, 72, 117
Interesse intérêt (m.) 126, **128,** 132, 158, 187; **mangelndes ~** manque (m.) d'intérêt 110; **vom großen ~ sein** présenter beaucoup d'intérêt 128

interessieren intéresser 128, 148; **sich** ~ s'intéresser 128
international international/e 67, 76, 94
Interview entrevue (f.) 199
intolerant intolérant/e 138, 162
Intoleranz intolérance (f.) 138, **161**
Intuition intuition (f.) **61**
ironisch ironique 20, 28, 29
irreführen induire en erreur 43, 194
irreführend erroné/e 61
irren se tromper 96, 190
irrig erroné/e 97, 193; faux/sse 53
irritieren irriter 155
Irrtum erreur (f.) **96,** 99, 104, 150, 152, 159

J
Ja-Stimme vote (m.) pour 206; voix pour 206; bulletin (m.) pour 206
Jubel allégresse (f.) **166; in** ~ **ausbrechen** faire éclater sa joie 167
juristisch juridique 188

K
Kälte froideur (f.) **131**
Kampf lutte (f.) 57
kämpfen lutter 47, 55, 62, 91, 139, 143
kämpferisch combatif/ve 135
Kandidat candidat (m.) **205**
kandidieren être candidat 205; se présenter comme candidat 205
katastrophal catastrophique 86
Katastrophe catastrophe (f.) 99, 125, 150; désastre (m.) **110**
kategorisch catégorique 19
kaufmännisch commercial/e 92, 94, 187
keimen germer 62
keinesfalls en aucun cas 190; en aucune façon 190, 191; en aucune manière 67; pas du tout 142
keineswegs en aucun cas 67, 191
kennen connaître 42, 101, 180; **nicht** ~ ignorer 61; méconnaître 43, 185; ne pas savoir 52
Kenntnis connaissance (f.) 39, 100, 147, 181; **in** ~ **der Sachlage** en connaissance de cause 43; **in** ~ **setzen** faire savoir 13; **mit** ~ **der Sache** en connaissance de cause 180; **Mangel an ~se** manque (m.) de connaissances **193**
Ketten(reaktion) en chaîne 140
klagen se lamenter **149**
kläglich lamentable 16, 107
klar clair/e 61; évident/en 15; ~ **formulieren** expliciter 199
klären clarifier 17, **22, 65;** éclaircir 17, 65, 120; élucider 120;
klarstellen éclaircir **22,** 18
Klausel clause (f.) 24

knapp concis/e 19; sommaire 10, 13, 32, 69; sommairement 10
Kolloquium colloque (m.) **198,** 199, 201
kommen arriver 152, 195
Kommentar commentaire (m.) 134
kommentieren commenter 14, **21,** 30, 72, 118, 199; épiloguer **23**
Kommunikationsmittel moyens (m.p.) de communication 92
kompetent compétent/e 180
Kompetenz compétence (f.) 110, **180**
komplex compliqué/e 64
kompliziert compliqué/e 68, 84
Komponente composante (f.) 188
Kompromiss compromis (m.) 81, 141
kompromisslos radical/e 140
Konferenz conférence (f.) 13, **71, 198,** 201
Konflikt conflit (m.) 53, **189**
konfrontieren: ~ **sein** être confronté 60, 76; ~ **werden** affronter 84
konfus de manière confuse 20
Kongress congrès (m.) 13, **198**
konkret concret/ète 23, 66; concrètement 20
konkretisieren concrétiser 64
konkretisiert concrétisé/e 63
Konkretisierung concrétisation (f.) 146
Konsequenz conséquence (f.) **103, 121**
konstruktiv constructif/ve 183
konzentrieren: sich ~ se concentrer 70
konzentriert attentivement 68
Konzept concept (m.) **63;** croquis (m.) **30;** esquisse (f.) **30**
Kraft force (f.) **108,** 144
kräftig énergique 140
kränken chagriner **146;** froisser **146;** vexer **146**
Krise crise (f.) **85**
Kritik critique (f.) 121, **135,** 161, **182,** 193, **195**
kritisch critique 21, 29, 58, 76, 80
kritisieren critiquer **55,** 118; censurer **55,** 136; réprouver 137
kulturell culturel/le 93; culturellement 188
Kummer chagrin (m.) **167, 168;** peine (f.) 168
kümmern: sich ~ se préoccuper 132, 160
Kunde client (m.) 49, 126, 144
kundtun manifester 132
kurz bref/ève 10, 21, 31, 32, 71, 199; brièvement 10, 20, 21, 31, 37; en peu de mots 174; en somme 33; succinct/e 32; succinctement 37; ~ **darlegen** énoncer 199; ~ **und bündig** de façon succincte 21, 31; succinctement 21

L
lächerlich ridicule 50, 102, 119; ~ **machen** ridiculiser 133; **ins** ~ **ziehen** souligner le côté ridicule 55; tourner en ridicule 133

lachhaft dérisoire 102
Lage situation 10, **15**, 54, 56, 69, 74, **76, 77,** 79, 98; position (f.) 80; ~ **der Dinge** état (m.) de choses 76; **gegenwärtige** ~ circonstances (f.p.) actuelles 76; **in der** ~ **sein** être en mesure 25, 39, 76; se trouver en mesure 76
langweilig ennuyeux/se 72
lasten peser **56**, 145
Laster vice (m.) 55
Lauf cours (m.) 98; ~ **der Dinge** cours (m.) des choses 129; tournure (f.) des choses 166
laufen encourir 95
laufend: auf dem ~**en sein** être au courant 11
Leben: das ~ **ändern** changer de vie 47
Lebensauffassung conception (f.) de la existence 56
Lebensbedingungen conditions (f.p.) de vie 52, 56, 92
Lebensform mode (m.) de vie 56
Lebensstandard niveau (m.) de vie 92
lebenswichtig vital/e 91
lebhaft vif/ve 140; ~ **werden** devenir animé/e 72
lediglich uniquement 187
Legalisierung légalisation (f.) 80
legitim légitime 183
Lehre doctrine (f.) **116**
leicht aisément 45
leichtfertig irréfléchi/e 57
Leichtsinn légèreté (f.) 100
Leid peine (f.) **167**
leiden: nicht ~ **können** éprouver de l'aversion pour 135
leidenschaftlich avec acharnement 126; avec passion 23; avec véhémence 75
leiten guider 56
Leitgedanke idée (f.) **42**
Leitgedanken idées principales 32; idées essentielles 32
lenken amener 72
lenken: die Aufmerksamkeit ~ attirer l'attention 68
leutselig: ~ **sein** être affable 156
Liberalisierung libéralisation (f.) 127
Licht: alles im rosigen ~ **sehen** voir la vie en rose 163
liebenswürdig aimable 154, 156, 157
Liebenswürdigkeit amabilité (f.) 151, 157; gentillesse (f.) 148, **155**
List subterfuge (m.) **102**
Listenauswahl vote préférentiel 204
Lob éloges (m.p.) 181
loben louer **147**, 178; vanter 109, **147**, 178
lobenswert digne de louanges 154; digne d'éloges 148
löblich louable 42
Logik: Mangel an ~ manque (m.) de logique **194**
logisch logique 103, 104, 105, 112, 122, 140, 186
lohnen: sich ~ valoir la peine 36

Lorbeeren: sich auf seinen ~ **ausruhen** se reposer sur ses lauriers 47
lösbar soluble 67
lösen résoudre 67, 68
loslassen lâcher prise **142**
Lösung solution (f.) 68, **107, 121**
lustig amusant/e 72

M
machbar faisable 182; réalisable 82, 83, 182; **nicht** ~ irréalisable 63
machen faire 82, 96, 182, 183; causer 148
Mahnung admonestation (f.) **133**
Mangel manque (m.) 39, 93, 98, 100, 110, 132, 147, 157, 159, **185, 191, 193, 194**
Maß: in hohem ~**e** au plus haut point 128
Maßnahme mesure (f.) 10, 23, 35, 37, 49, 106, 107, 109, 127, 137, 177, 180, 184, 185; **eine** ~ **ergreifen** prendre une mesure 47, 140
Medien médias (m.p.) 14
mehrdeutig ambigu/ë 97
Mehrheit majorité (f.) 135, 142, 176, 206; **mit absoluter** ~ à la majorité absolue 204
Mehrzahl plupart (f.) 176
meiden éluder 61; éviter 65, 96
meinen estimer 34; juger 34; penser 36
Meinung avis (m.) 57, 131, 186; idée (f.) **34**, 179, 190; jugement (m.) **34**, 37; opinion (f.) 11, 26, 28, **34**, 37, 39, 40, 114, 127, 131, 142, 158, **172,** 175, 176, 179, 189, 190, 191, 192; manière (f.) de voir les choses 34; pensée (f.) 11, **34;** point (m.) de vue 37; sens (m.) 175; **Begründung der** ~ fondement (m.) de l'opinion **35; der** ~ **sein** considérer 34
Meinungsänderung changement (m.) d'opinion **41**
Meinungsäußerung: sich der ~ **enthalten** s'abstenir de donner son opinion 38
Meinungsverschiedenheit désaccord (m.) **189;** différend (m.) **74;** dissentiment (m.) **136;** divergence (f.) **40, 136, 189;** différend (m.) **136**
meistern faire face à 16
melden annoncer 15
Meldung bulletin (m.) 191
Menschenverstand bon sens (m.) 100
merken remarquer 155
Merkmal caractéristique (f.) **16**
Methode méthode (f.) 10, 12, 35, 78, 79, 94, 109, **117**
Minderheit minorité (f.) 41
missachten mépriser 132
missbilligen désapprouver **55,** 137, 189, 207; désavouer **55;** être en désaccord avec 137; réprouver 157
Missbrauch abus (m.) 57, 138, 140, 143
missbrauchen abuser 88, 144; trahir 144
Misserfolg échec (m.) 95, **110;** four (m.) **110**

missfallen déplaire **146**
Missgeschick malheur (m.) **90**
Missstände abus (m.p.) 55
Misstrauen méfiance (f.) **130**
misstrauen ne pas se fier 145; se méfier 130, **144,
145;** se défier de 130; soupçonner **145**
Missverständnis malentendu (m.) 22, **96,** 99; quipro-
quo (m.) **96**
Mitarbeit collaboration (f.) **124,** 149
mitteilen annoncer **11;** communiquer **10,** 13, 14, 15,
149; faire part 15; faire savoir 15; manifester 148;
transmettre 37
Mitteilung communiqué (m.) 32
Mittel moyen (m.) 57, 93, 109, 110; **mit allen ~n** par
tous les moyens 52, 54
modern: **~ werden** devenir à la mode 62
möglich: **~ sein** 26, 81, 84, 118; **es ist ~** il y a la possibilité 81
Möglichkeit possibilité (f.) 12, 26, **80, 82, 182;**
éventualité (f.) **80, 182; die ~ haben** avoir la possibilité 81; **es besteht die ~** il y a des chances 81
Möglichstes: mein ~ mon possible 82
Monopol apanage (m.) **88**
moralisch moral/e 28, 38, 67, 113
Motiv mobile (m.) **101**
Mut: ~ machen donner du courage **45; den ~ verlieren** se décourager 168; **wieder ~ machen** remon-
ter le moral 46
mutig avec courage 104, 126; courageusement 126
mutlos: **~ sein** être découragé 168; se décourager
163
Mutlosigkeit découragement (m.) **168**

N
Nachdenken méditation (f.) **70**
nachdenken méditer 70; réfléchir 47, 48, 49, 64, 78,
106, 116, 185; songer 70
Nachdruck: ~ legen insister 16; **mit ~** énergiquement 56; **mit ~ hervorheben** appuyer **27**
nachgeben céder **142**
Nachgiebigkeit condescendance (f.) **161**
nachhängen caresser 62
nachkommen satisfaire 81, 147
nachlassen diminuer 144
Nachlassen relâchement (m.) **92**
Nachlässigkeit négligence (f.) 99
Nachricht information (f.) **14,** 98; nouvelle (f.) 11,
14, 98, 166; **~ geben** rendre compte **11**
nachschlagen: im Wörterbuch ~ consulter le dictionnaire 73; compulser le dictionnaire 73
Nachsicht compréhension (f.) **161;** indulgence (f.)
161
Nachteil handicap (m.) **79;** inconvénient (m.) 10, 78,
79, 83, 164, 180
nachteilig défavorable 19

Nachwirkung contrecoup (m.) 103; retentissement
(m.) **103**
nahe: ~ legen suggérer **24,** 47
Narzismus narcissisme (m.) **160**
national national/e 67, 76, 94
natürlich naturel/le 140, 154
Natürlichkeit naturel (m.) **154;** simplicité (f.) 123;
spontanéité (f.) **157**
negativ négatif/ve 107, 192, 195; pessimiste 164;
négativement 20
nehmen prendre 103; **auf sich ~** assumer 104;
endosser 111
Neigung penchant (m.) 55
Nein-Stimmen bulletin (m.) contre 206
nennen citer 114; nommer 102
nett aimable 151
nett gentil/le 156
Neuerung innovation (f.) 135
Neuheit nouveauté (f.) 39
Neuigkeit nouvelle (f.) 98
niedergeschlagen: ~ sein être déprimé 168; être
découragé 168; être désolé 169
Niedergeschlagenheit abattement (m.) **167, 168,
169; tiefe ~** prostration (f.) **168**
Niederlage fiasco (m.) **110**
nötig: ~ sein être nécessaire 159
notwendig nécessaire 21, 22, 29, 31, 47, 49, 53, 70,
84, 94, 116, 121, 136, 174, 188; **unbedingt ~** indispensable 49
Notwendigkeit nécessité (f.) 47, 48, 49, 51, 113, 202
Nutzen intérêt (m.) 79; profit (m.) **78;** utilité (f.)
108; ~ ziehen tirer parti 77, 79
nutzen profiter 79, 87
nützlich utile 79
Nützlichkeit intérêt (m.) **78;** utilité (f.) **78, 108**

O
oberflächlich superficiel/le 69
objektiv avec objectivité 178; objectivement 12, 178
Objektivität objectivité (f.) 12, **178; Mangel an ~**
manque (m.) d'objectivité **191**
offen franc/franche 19, 158; ouvertement 38, 136,
158; sans réponse 68; en suspens 18; avec franchise 158; franchement 158; **~ bleiben** rester ouvert
12; **ganz ~** franchement 181
offenbar évident 80
Offenheit franchise (f) 131, **181**
offenherzig franc 158
Offenherzigkeit franchise (f.) **154**
offenkundig évident/e 15, 191; flagrant/e 195; mani-
feste 93; **~ zeigen** mettre en évidence 94
offensichtlich évident/e 99, 194; de façon évidente
187
ökologisch écologique 38, 74, 187
ökonomisch économique 38, 76, 188

Opfer victime (f.) 125, 126; ~ **werden** être victime 96
Opponent objecteur (m.) 120; opposant (m.) **118**
Optimismus optimisme (m.) 46, **163,** 191
Organisation organisation (f.) 98, 109

P
Partei: ~ **ergreifen** prendre parti **51,** 124
parteiisch partial/e 192
Parteilichkeit partialité (f.) **191**
passend approprié/e 87; juste 39; pertinent/e 122; propice 87
passieren se passer 100
Passivität passivité (f.) 110, **131**
pathetisch pathétique 113
Pech déveine (f.) **90;** malchance (f.) **90;** ~ **haben** jouer de malheur 90
Pechvogel: ein ~ **sein** jouer de malchance 90
peinlich embarrassant/e 17, 76; ~ **berühren** gêner **146**
persönlich personnel/le 37, 192
Perspektive perspective (f.) 12, 46
Pessimismus pessimisme (m.) **164,** 191
Pflicht devoir (m.) 104
Phase: kritische ~ phase (f.) critique **85; schwierige** ~ moment (m.) difficile **85**
Phobie phobie (f.) **134**
Plan plan (m.) 42, 54, **63,** 69, 81, 83, 124, 139, 141; dessin (m.) **30;** projet (m.) 50
planen projeter 50
Planung planification (f.) 137
plötzlich soudain/e; subitement 83; tout à coup 83
Polemik polémique (f.) **74**
polemisch polémique 135, 58
politisch politique 64, 67, 76, 85, 93, 181
positiv positif/ve 21, 107, 163, 192; positivement 20
Postulat postulat (m.) **65**
praktisch pratique 188; matériellement 142
Prämisse prémisse (f.) 116, 117, 195
präzis précis/e 23
preisen célébrer **147**
Prinzip principe (m.) 28, 103, 115, 116, 193
Privileg privilège (m.) **88**
privilegiert privilégié/e 76
Problem problème (m.) 10, 23, 34, 37, **60, 64, 67,** 73, 74, **83,** 128, 178, 179, 180, 188
Problematik problématique (f.) 180
problematisch problématique 64, 186
Programm programme (m.) 35, 37, 54, **63,** 69, 83, 139
programmieren programmer 107
Progression: in ~ par ordre 114
Projekt projet (m.) 10, 30, 37, **42,** 54, **63,** 69, 81, 83, 108, 113, 124, 139
Protest protestation (f.) 136

protestieren protester 57, 138, 143, 161
Protokoll acte (m.) **207;** procès-verbal (m.) **207;** ~ **führen** rédiger le compte rendu 207; dresser le compte rendu 207
Protokollführer rédacteur du procès-verbal 207; rédacteur de l'acte 207; rédacteur du compte rendu 207
provozieren provoquer 135
prüfen étudier 65, 70
Prüfung étude (f.) **70**
psychologisch psychologique 38, 113, 188
Publikum auditoire (m.) 135; public (m.) 152, 194
Punkt point (m.) 24, 39, 40, 120, 121, 175, 186, 194

Q
Qual tourment (m.) **165**
quälen tourmenter 95
Quelle: aus gut unterrichteter ~ de source sûre 14

R
radikal radical/e 125, 127, 139, 140
Rat conseil (m.) **29,** 73; **um** ~ **bitten** demander conseil 73; **um** ~ **fragen** consulter **17,** 73; **zu** ~**e ziehen** consulter 73
raten conseiller **24, 47,** 51
ratifiziert ratifie/é 207
Ratschlag: einen ~ **geben** donner un conseil 24
Rätsel énigme (f.) **67**
räumen: aus dem Weg ~ supprimer 121
reagieren réagir 140
Reaktion réaction (f.) **103, 140**
realisierbar réalisable 63
realisieren réaliser 63
rebellieren se rebeller 140
rechnen compter 83, 107, 144
Recht droit (m.) 46, **88,** 126; ~ **geben** donner raison **176; mit** ~ à bon droit 177, 183; **Recht: mit** ~ avec raison 28, 177, 183; **sehr zu** ~ avec bon sens 28
rechtfertigen justifier 36; **sich** ~ se disculper 152; se justifier **152**
rechtzeitig à temps 53, 98
Rede discours (m.) 30, 32, 117, 148, 199
Redewendung expression (f.) 22
redlich honnête 42
Redlichkeit honnêteté (f.) **157;** probité (f.) **157, 181;** intégrité (f.) **181;** loyauté (f.) **157, 181**
Redner orateur (m.) 48, 55, 58, 114, 180, 190
Referat exposé (m.) 113, 117
Referent rapporteur (m.) 113, 121, 190, 200, 201
Reform réforme (f.) 56, 125, 127, 135, 137
Regel règle (f.) 142
regelmäßig périodique 198
reichlich largement 106

Reichweite portée (f.) 102
rein purement 38, 160, 195
reserviert réticent/e 118
Respekt respect (m.) **125**
respektieren traiter avec respect 125
respektlos: sich ~ benehmen manquer de respect 125
Respektlosigkeit manque (m.)de respect 134
respektvoll avec respect 125
restlos absolu/e 143
revidieren réviser 41; revoir 41
revoltieren se révolter 138
rhetorisch rhétorique 121
richten adresser 134, 135, 183; faire l'objet 126; **die Aufmerksamkeit ~** concentrer l'attention 68
richtig correcte 82; exact/e 39, 82; juste 71
richtig: ~ stellen rectifier 97
Risiko risque (m.) 53, **94, 95**
riskieren risquer 95
Rivale rival (m.) 52, **118**
rückgängig: ~ machen annuler 207
Rücksicht égards (m.p.) **125; ohne ~ auf** sans respect de 125
Rücksichtslosigkeit manque (m.) de considération 134
Rückstand retard (m.) **92**
rückwirkend rétroactif/ve 106
Rückwirkung réaction (f.) **103**
Ruf réputation (f.) 95
Rüge réprimande (f.) **133**
rügen censurer 137
Ruhe calme (m.) 158; tranquillité (f.) d'esprit **164; in ~** avec calme 108
rühmen faire l'éloge de **147**
rundweg énergiquement 139; fermement 141

S
Sache cause (f.) 57, 125, 126
Sachkenntnis: mit ~ en connaissance de cause 23, 75, 180; **ohne ~** sans être compétent 193; **Mangel an ~** manque (m.) de connaissances **193**
Sachlage: in Kenntnis der ~ en connaissance de cause 43
sachlich objectif/ve 13, 178; objectivement 12, 68, 108, 178
Sachlichkeit objectivité (f.) 12, **178**
Sachverhalt sujet (m.) 187
sagen dire 34, 36, 119, 120, 128, 176, 186, 189; donner 37; **nicht ~** s'abstenir de 38
sarkastisch sarcastique 28
satirisch satirique 58
Satz: in wenigen Sätzen en quelques phrases 31
schade dommage 149
schädlich dangereux/se 91
schamlos ouvertement 144

scharf sévère 47; **~ kritisieren** censurer **55**
schätzen apprécier 181; estimer 172; **jemanden ~** avoir de l'estime pour quelqu'un 123
Schein apparences (f.p.) 97; **äußerer ~** apparences (f.p.) 145; **der ~ trügt** les apparences sont trompeuses 159
Scheinargument argument apparemment convaincant 194
scheinbar apparent/e 99
scheinen paraître 15, 87, 185
scheitern avorter 110, échouer 110
Scheitern faillite (f.) **110**
schenken: Vertrauen ~ se confier **143**
Schicksal sort (m.) **89**
Schicksalsschlag revers (m.) **90;** revers (m.p.) du destin 91
Schicht classe (f.) 55
schlagen: Alarm ~ donner le signal d'alarme 98
schließen conclure 105; déduire 105
schlimm grave 14, 16
schlüssig concluant/e 112; convaincant/e 36
Schluss clôture (f.) 24; en finir 55; **zum ~ kommen** conclure 203
Schlussfolgerung conclusion (f.) 97, **105, 121,** 195; déduction (f.) 97
schmerzlich douloureux/se 169
schöpfen: Verdacht ~ avoir des soupçons 145
schreiten procéder 204
Schritte démarche (f.) 108
Schuldgefühl: ~e erzeugen culpabiliser **150**
schuldig coupable 150
schulmeisterlich pédant/e 155; **~es Gehabe** pédantisme (m.) **154**
Schutz protection (f.) **126;** sauvegarde (f.) **126**
schützen sauvegarder 126
schwach faible 196; insuffisant/e 112; peu consistant/e 114
schwächen affaiblir 58
Schwärmerei engouement (m.) **163**
schweben planer 95
schwer difficile 17, 67, 80; grave 93, 97; lourde 151, pénible 46; gravement 96
Schwere gravité (f.) 98
Schwermut mélancolie (f.) **167**
schwerwiegend de poids 119, 120; grave 96, 97, 103
schwierig difficile 45, 64, 86; épineux/se 64; **äußerst ~** ardu/e 68; **~e Phase** moment (m.) difficile **85**
Schwierigkeit difficulté (f.) 12, 27, 28, 40, 53, 64, **67,** 72, **79, 83, 85,** 164, 180, 194; problème (m.) 64
schwinden disparaître 144
Schlussfolgerung conclusion (f.) 121
Schwung élan (m.) **91**
sehen: sich gezwungen ~ se voir dans la nécessité 136; se voir obligé 136

Seite côté (m.) 80, 163, 164, **187**
Selbstlosigkeit abnégation (f.) **159**
selten rare 86, 154
Seminar séminaire (m.) 13, **71**, 201
senden envoyer 202
setzen: auf Spiel ~ mettre en jeu 95; **ein Ende** ~ mettre fin à 88; mettre un terme à 88; **gesetzt den Fall** si l'on suppose 67; **in Beziehung** ~ rapprocher 25; **in Kenntnis** ~ faire savoir 13
Sicherheit certitude (f.) 43; sécurité (f.) **164**
Sieg victoire (f.) **109**
Sinn sens (m.) 22, 174, 193
Sinnlosigkeit absurdité (f.) 48
sinnvoll judicieux/se 71
Situation état (m.) **76**; situation (f.) 10, **77, 85**
Sitzung séance (f.) 201, 207, **198**
Skepsis scepticisme (m.) **164, 184**
skeptisch sceptique 118
Skizze croquis (m.) **30**
skizzieren esquisser 30
Snobismus snobisme (m.) **154**
snobistisch snob 155
sofort aussitôt 141; immédiatement 56, 141
sofortig instantané/e 106
solidarisch: sich ~ **erklären** devenir solidaire 57; **solidarisch: sich** ~ **erklären** se déclarer solidaire 124; **solidarisch: sich** ~ **fühlen** se sentir solidaire 124
Solidarität solidarité (f.) **124,** 125
solide solide 114
Sonderrecht prérogative (f.) 55
Sonderstellung Situation exceptionnelle 88
Sorge préoccupation (f.) **165**; souci (m.) 12, **165,** 166; préoccupation (f.) 166, tracas (m.) **165**; **Anlass zur** ~ sujet (m.) d'inquiétude 166; **in** ~ **sein** être dans l'inquiétude 165; **sich** ~ **machen** s'inquiéter 98, 165; se faire du souci 165
sorgfältig avec attention 100
Sorgfältigkeit précision (f.) **179**
Sorglosigkeit insouciance (f.) 100
sozial social/e 55, 64, 67, 69, 85, 125, 127, 139, 140
soziologisch sociologique 38, 113, 181; sociologiquement 188
spannend captivant/e 72
Spaß: ~ **machen** prendre du plaisir **146**
Spiel: auf ~ **setzen** mettre en jeu 95
spontan spontané/e 140
Spontaneität spontanéité (f.) **154**
Spott: ~ **treiben** ironiser 133
spotten se moquer 133
spöttisch ironique 20
Sprache langage (m.) 159; **zur** ~ **bringen** aborder 60, 68; faire mention de 28
sprechen: ~ **für** plaider pour/en faveur de **51; dafür** ~ pousser à croire 177
Sprichwort proverbe (m.) 28, 38, 115

spürbar de façon notable 92
spüren ressentir 135, 155
Stabilität équilibre (m.) 86
Stand état (m.) **76;** niveau (m.) 94; ~ **der Dinge** état (m.) de choses 79
ständig constamment 92
Standpunkt point (m.) de vue 37, 38, 133
stark véhément/e 140
stärken renforcer 58
stattfinden avoir lieu 198; tenir 198
stattgeben accéder à 71
Staunen admiration (f.) **129**
stehen figurer 202
steigend croissant/e 114
steigern augmenter 167
stellen poser 17, 18, 115; faire 20; **eine Frage** ~ demander 18; **in Frage** ~ mettre en doute 115, 116, 177, 184, 191; mettre en question 177, 184; **sich** ~ affronter 16; **sich taub** ~ faire la sourde oreille 18
Stellungnahme prise (f.) de position 27, 106, 131, **171**
stetig sans cesse 92
stichhaltig plausible 102; solide 36, 112
Stichhaltigkeit pertinence (f.) **178**
stichfest sans faille 112
stillschweigend implicitement 44
Stimme voix (f.) 205; **abgegebene** ~ bulletin (m.) 206; **sich der** ~ **enthalten** s'abstenir 204; **ungültige** ~ bulletin blanc 206; bulletin nul 204
stimmen voter 204; ~ **für** donner sa voix à 204; voter pour 204; ~ **gegen** voter contre 204
Stimmzettel bulletin (m.) de vote **204**
Stirn: die ~ **bieten** affronter 84; **die** ~ **bieten** faire face **143**
Stoff matière (f.) **60**
stören déranger 146; gêner 155
stoßen se heurter à 84; affronter 64; ~ **auf** rencontrer 64
Straftat délit (m.) 150
Streben but (m.) 12
streben prétendre 45
Streit querelle (f.) 203
streiten se disputer 23
Streitgespräch débat (m.) 65
streitig: ~ **machen** contester 141
strukturierend: ~**e Elemente** éléments structurants (m.p) 173
Studie étude (f.) **69**
stützen appuyer 36; fonder 36, 115; **sich** ~ s'appuyer 35, 66, 112, 114; **sich** ~ **auf** reposer sur 66
subjektiv subjectif/ve 192
Subjektivität subjectivité (f.) **191**
suchen chercher 43, 68, 101, 103; rechercher 160; **zu entgehen** ~ échapper à 179
Syllogismus syllogisme (m.) **117**

syllogistisch syllogistique 117
Sympathie sympathie (f.) 123
sympathisieren sympathiser 123
Symptom signe (m.) 187
Synthese synthèse (f.) 32

T
Tadel blâme (m.) 133, 135; censure (f.) 135; reproche (m.) 133
tadeln blâmer 55, 137
Tag: an den ~ legen faire preuve de 159; montrer 163
Tagesordnung ordre (m.) du jour 202
Tagung assemblée (f.) 198
Taktik stratégie (f.) 107; tactique (f.) 72
Taktlosigkeit grossièreté (f.) 157; indélicatesse (f.) 157; tact (m.) 147
Tapet: aufs ~ bringen mettre sur le tapis 64
Tapferkeit courage (m.) 147
Tat fait (m.) 27; in der ~ réellement 81
Tatbestand fait (m.) 10
Tatsache fait (f.) 15, 80, 35, 104, 105, 172, 191, 192
Tatsachenbericht compte rendu (m.) 13
tatsächlich réel/le 99
taub: sich ~ stellen faire la sourde oreille 18
täuschen tromper 43; sich ~ lassen se laisser tromper 97
Täuschung feinte (f.) 158; tromperie (f.) 158
Teamarbeit travail (m.) en équipe 92
Technik technique (f.) 78, 106, 139
technisch technique 92, 187
Technologie technologie (f.) 12, 94
technologisch technologique 93
Teil partie (f.) 43; zum ~ en partie 39, 141; partiellement 187
teilen partager 40, 41, 62, 162, 175, 176, 187, 189, 190, 191
Teilnahmslosigkeit apathie (f.) 131
teilnehmen assister 198; intervenir 203; participer 198; prendre part 198, 203
Teilnehmer présents (m.p.) 176; assistance (f.) 56; participant (m.) 201
teilweise en partie 113, 185, 187; partiellement 22
tendenziös tendancieux/se 192
Theater comédie (f.) 158
Thema sujet (m.) 23, 24, 34, 37, 39, 40, 64, 73, 128, 180, 199; thème (m.) 60, 72, 74, 121, 128;
   Vorstellung des ~s présentation (f.) du thème 199
theoretisch théoriquement 188
Theorie théorie (f.) 10, 28, 35, 51, 113, 114, 116
These thèse (f.) 26, 113, 116, 127
tief profond/e 130, 134, 167, 168; ~e
   Niedergeschlagenheit prostration (f.) 168
tiefbetrübt: ~ sein être désolé 168
tolerant tolérant/e 161

Toleranz tolérance (f.) 161
total complètement 96; total/e 143
tragisch tragique 14, 16, 90, 103
Tragweite portée (f.) 16, 27, 64, 192
träumerisch chimérique 182
traurig: ~ sein être triste 167
Traurigkeit tristesse (f.) 167
treffen prendre 11, 16, 50, 53, 70, 77, 177
Treffen réunion (f.) 198
treffend à juste titre 28, 177; pertinent/e 17, 29, 71; sehr ~ avec justesse 28
treiben: Spott ~ ironiser 133
Trick artifice (m.) 158; ruse (f.) 158
Triumph triomphe (m.) 109
Trostlosigkeit désolation (f.) 168, 169
Trotz: allen Widerständen zum ~ contre vents et marées 109
trotzen affronter 95, faire face 95
Trübsal: ~ blasen broyer du noir 164
trügen: der Schein trügt les apparences sont trompeuses 159
trügerisch fallacieux/se 159
tun: so ~ als ob feindre 155

Ü
üben faire 136
überbewerten surestimer 84
Übereinkunft entente (f.) 127
übereinstimmen concorder 39
Übereinstimmung conformité (f.) 127; convergence (f.) d'opinions 39; harmonie (f.) 127
überflüssig inutile 29; superflu/e 29, 31
übergehen passer 121; passer sous silence 18
überleben subsister 94
überlegen considérer 70; réfléchir 70, 104; genau ~ se concentrer sur 70
Überlegung délibération (f.) 70; raisonnement (m.) 122; réflexion (f.) 70, 122
übermannen accabler 170
übermitteln apprendre 14; accepter 151
übernehmen assumer 104, 111, 151; engager 151
überprüfen examiner 70; vérifier 38
Überprüfung examen (m.) 70
überraschen surprendre 92, 172
überraschend surprenant/e 106, 129; étonnant/e 129
überrascht surpris/e 130
Überraschung surprise (f.) 129; unangenehme ~en aléas (m.p.) 89
überreden persuader 48, 194
überschätzen surestimer 96, 144, 192
übersehen perdre de vue 12
Übersicht schéma (m.) 30
überstehen surmonter 111
übertreiben exagérer 192
übertrieben excessif/ve 163

überwältigend écrasant/e 207
überwinden surmonter 12, 72, 84, 86, 109; vaincre 64, 84, 91
überzeugen convaincre 22, **48**, 50, 51, 57, 112, 194; persuader **48**, 51
überzeugend convaincant/e 50, 101, 102, 112, 116, 120, 193; concluant/e 36
Überzeugung conviction (f.) 39, 175
umfassend exhaustif/ve 69; vaste 181
Umgangsformen manières (f.p.) **154**
umgehen courir 15; éluder 84; passer sur 61
umreißen circonscrire 60; ébaucher 30
Umschweife: ohne ~ directement 44; sans détour 38, 158, 181
umsetzen réaliser 62
Umstand: widriger ~ contretemps (m.) **90**
Umstände circonstances (f.p.) **77**, 79; conditions (f.p.) 88; conjoncture (f.) **77**; dérangements (m.p.) 152; **günstige ~** circonstances (f.p.) favorables **86**; **unter allen ~n** à tout prix 54; **unter diesen ~** étant donné les circonstances 77
umstritten controversé/e 60; discuté/e 60; litigieux/se 60
Umweg détour (m.) **31**
unabänderlich définitif/ve 19
Unabhängigkeit indépendance (f.) 46
unangebracht inopportun/e 21, 29
unangenehm désagréable 103; embarrassant/e 17
unannehmbar inacceptable 24, 65, 108, 116; inadmissible 65, 141, 162
Unannehmlichkeit contretemps (m.) 99; dérangement (m.) 153
Unaufmerksamkeit incorrection (f.) **157**
unausbleiblich inévitable 105
unbändig délirant/e 166
unbedingt: ~ notwendig indispensable 49
unbegreiflich incompréhensible 93, 129, 131
unbegründet injustifié/e 134, 163, 193; non fondé 126, 191; sans fondement 196
unbemerkt inaperçu/e 18
unberechenbar incalculable 94
unbeschränkt total/e 40
unbeschreiblich indescriptible 166
unbesorgt: ~ sein être tranquille 164
Unbestimmtheit imprécision (f.) **185**
unbestreitbar incontestable 117
unbewusst instinctif/ve 140
undeutlich vague 61
Undeutlichkeit vague (m.) **185**
Uneigennützigkeit désintéressement (m.) **159**
uneingeschränkt totalement 24; sans réserve 24; entièrement 24
Uneinigkeit discorde (f.) **136**
Unempfindlichkeit insensibilité (f.) **131**
unentbehrlich indispensable 29, 116, 159, 188
Unentschiedenheit indécision (f.) **184**

Unerfahrenheit inexpérience (f.) **193**
unerhört inouï/e 160
unerklärlich inexplicable 134
unerlässlich: ~ sein être essentiel 29; être indispensable 94
unerschütterlich imperturbable 165; inébranlable 143
unerträglich insupportable 162; intolérable 162
unerwähnt: ~ lassen laisser de côté 192
unerwartet inattendu/e 14, 83; inattendu/e 140; inespéré/e 91, 103, 106, 107, 109; inopiné/e 110; imprévu/e 110
Unfähigkeit incapacité (f.) **193**
unfassbar incompréhensible 131; incroyable 160
ungeahnt inattendu/e 106
ungeheuer énorme 94; foudroyant/e 106
ungelöst sans solution 68
ungenau imprécis/e 186; inexact/e 61
Ungenauigkeit inexactitude (f.) **96**, **185**
ungerecht injuste 52, 57, 126, 134, 139; **~e Bevorzugung** passe-droit (m.) **88**
ungerechtfertigt injustifié/e 88, 191; non justifié/e 191
Ungerechtigkeit injustice (f.) 57, 138, 140, 143
Ungereimtheit incohérence (f.) **48**
ungerührt impassible 132
Ungerührtheit impassibilité (f.) **132**
Ungeschicklichkeit impair (m.) **96**; maladresse (f.) 99
ungestraft impunément 144
Ungewissheit incertitude (f.) **184**
ungewöhnlich peu orthodoxe 57
unglaublich incroyable 89, 109, 129
Ungleichheit inégalité (f.) **139**
Unglück adversité (f.) **90**; malheur (f.) **90**, 99, 150, 167; mauvais sort 91; adversité (f.) 91; **~ bringen** porter malheur 90
unglücklicherweise ~ par malheur 90
ungültig nul 206; **~e Stimme** bulletin blanc 226; bulletin nul 204; **für ~ erklären** invalider 207
ungünstig défavorable 19, 77
Unheil calamité (f.) 150
unheilbar incurable 170
unheilvoll malheureux/se 167
unhöflich impoli/e 57
Unhöflichkeit impolitesse (f.) **157**; manque de savoir-vivre (m.) **157**
uninteressant inintéressant/e 72, 108; **~ sein** manquer d'intérêt 128, 129; être sans intérêt 129; **völlig ~ sein** être denué d'intérêt 129; **~ werden** perdre en intérêt 72
Unkenntnis méconnaissance (f.) 39
unklar confus/e 61
Unklarheit flou (m.) **185**
unkultiviert discourtois/e 157
unleugbar indéniable 177

unliebsam désagréable 53
Unlogik manque (m.) de logique **194**
unlösbar insoluble 67
unmittelbar immédiat/e 99, 109
unmissverständlich de façon claire et nette 44; sans équivoque 44, 137
unmodern: ~ **sein** être démodé 62
unmöglich impossible 26, 45, 81, 83, 84, 118, 125, 142
unnachgiebig avec fermeté 126; intransigeant/e 162
Unnachgiebigkeit intransigeance (f.) **161**
unnötig inutile 21, 29, 31
unparteiisch impartial/e 178; d'une façon impartiale 178
Unparteilichkeit impartialité (f.) 147, **178**
unpräzise flou/e 186
Unpünktlichkeit manque (m.) de ponctualité 147
Unrecht: ~ **haben** ne pas avoir raison **190**; avoir tort **190**
Unruhe inquiétude (f.) **98, 165**; perturbation (f.) **85**
unruhig: ~ **sein** être agité 165
Unschlüssigkeit irrésolution (f.) **184**
Unsicherheit incertitude (f.) 54; insécurité (f.) **94**
Unstimmigkeit désaccord (m.) **136**; dissentiment (m.) **189**; mésentente (f.) **136**
unterbrechen interrompre 203
unterbreiten présenter 63; soumettre **24**
Unterdrückung oppression (f.) 138
unterhalten: **sich** ~ discuter 72
Unterhandlung pourparler (m.) **73**
unterlassen ne pas faire 79
unterlaufen commettre 104
Unterredung colloque (m.) 13; entretien (m.) **71, 73**; entrevue (f.) **71**; **vertrauliche** ~ tête à tête (m.) **71**
unterrichten instruire **22**; mettre au courant 12, 15; notifier 15
unterrichtet: ~ **sein** être informé 11
unterschätzen sous-estimer 84, 96, 192
unterscheiden faire la différence 174; **sich** ~ diverger 190
unterschiedlich différent/e 102
unterstreichen insister sur **27**; souligner 16, **27**, 29
unterstützen appuyer 24, **51**; donner son aval 127; souscrire à 40; soutenir **51**, 124
Unterstützung appui (m.) **126**
untersuchen analyser 30, **59**, 78, 84; étudier 64, 199; examiner 38, 64, 69, 86, 100, 101, 108, 187, 188
Untersuchung examen (m.) **69**
unüberlegt pris/e à la légère 103
unüberwindlich insurmontable 79
unumgänglich: ~ **sein** être indispensable 70
ununterbrochen sans interruption 92
unverhofft inespéré/e 140
unverhüllt ouvertement 159
unvermeidlich inévitable 103, 104
Unverschämtheit sans gêne (m.) **157**

unverständlich incompréhensible 96
Unverständnis incompréhension (f.) **161**
unverzeihlich impardonnable 96
unverzüglich immédiat/e 19, 106
unvoreingenommen avec objectivité 68
Unvoreingenommenheit neutralité (f.) **178**
unvorhergesehen imprévu/e 77, 83, 103
unvorhersehbar imprévisible 77
Unvorsichtigkeit imprudence (f.) 150
unvorstellbar inconcevable 129
unwahrscheinlich invraisemblable 65, 116
unwichtig: ~ **sein** être sans importance 193
unwiderlegbar irréfutable 50, 112, 116
unwiderleglich irréfutable 117
unwillkürlich instinctif/ve 134
unwirksam inefficace 52
Unwirksamkeit inefficacité (f.) **108**
Unwissen ignorance (f.) 155
Unwissenheit ignorance (f.) 100, 158, **185, 193**
unzählig innombrable 64
Unzufriedenheit mécontentement (m.) 48
unzulässig inadmissible 116, 161
unzweideutig non équivoque 19
Ursache cause (f.) 74, 86, **99, 101, 102**; origine (f.) **99**
Ursprung source (f.) **99**
Urteil jugement (m.) 11, **34,** 37, 192
urteilen juger 174
utopisch utopique 63, 83, 182

V
vage vague 186
Verleumdung diffamation (f.) 126; calomnie (f.) 126
verabscheuen détester 135; exécrer 135
verabschieden voter 202
verachten dédaigner 132; manifester du mépris 133
Verachtung mépris (m.) **132**; dédain (m.) **132**
verändern changer 49; transformer 52; **sich** ~ évoluer 76
Veränderung changement (m.) 56
verankern consolider 115
veranlassen occasionner 100
veranschaulichen élucider **22**; illustrer **21**
verantwortlich responsable 111, 150; ~ **machen** rejeter la responsabilité sur 151; rendre responsable 111, **150**
Verantwortung responsabilité (f.) 104, 111, 151
Verantwortungsgefühl: **~e wecken** responsabiliser 150
Verantwortungslosigkeit légèreté (f.) 147
verärgern mécontenter **146**
verärgert: ~ **sein** être vexé 147
verbergen cacher 45, 80; **die Absicht** ~ cacher l'intention **45**
verbessern améliorer 49, 56, 57; corriger 63

Verbitterung exaspération (f.) **169**
verblüffend époustouflant/e 109
Verblüffung ahurissement (m.) **129;** ébahissement (m.) **129**
verbreiten diffuser 62; propager 62
verbreitet divulgué/e 14; propagé/e 14
Verdacht soupçon (m.) **145**
verdächtig suspect/e 145
verdächtigen soupçonner **144, 145**
verdienen être digne 181; gagner 144; mériter 144, 181
Verdienst mérite (m.) **147**
Verdruss déboires (m.p.) **169;** dépit (m.) **169**
verehren vénérer 125
Verehrung vénération (f.) **125**
vereinbar compatible 189
Vereinbarung accord (m.) 24, 28, 74
vereiteln contrecarrer **54;** rendre impossible **54**
Verfahren procédé (m.) 10, 79
verfälschen dénaturer 191
verfechten défendre 125
verfolgen suivre 72
verführen séduire 97
vergessen oublier 106, 188
Vergleich: im ~ zu comparé à 26; en comparaison de 26
vergleichen comparer **25, 80**
Vergnügen plaisir (m.) 146, 201
Verhalten comportement (m.) 55, 123, 130, 136, 145, **154,** 155, 162, 183; conduite (f.) 47, 57, 133; actes (m.p.) 47; attitude 145; façon de se comporter 155; position (f.) 132
verhalten: sich ~ se comporter 101, 154
Verhältnisse conditions (f.p.) **77**
verhandeln négocier 23
Verhandlung négociation (f.) **73**, 108
Verhängnis fatalité (f.) **90**
verhängnisvoll fatal 91, 103; néfaste 91
verheimlichen cacher 159; dissimuler **45**
Verheimlichung dissimulation (f.) **158**
verhindern empêcher **54,** 83, 86; entraver 54
verkennen ignorer 185
Verkennung méconnaissance (f.) **185**
verlangen exiger 19, 56; réclamer 46; requérir 29
verlassen: sich ~ auf compter sur 19; se fier de **143; sich auf etwas ~** être sûr de quelque chose 164
verlegen: ~ sein être gêné 147
Verlegenheit perplexité (f.) **184**
verleiten inciter **45**
Verleumdung calomnie (f.) 126; diffamation (f.) 126
verlieren perdre 95, 165, 170, 205; **an Boden ~** perdre du terrain 62; **den Mut ~** se décourager 168
verlockend séduisant/e 61
vermehren accroître 167
vermeiden éviter 31, 53, **54,** 84, 111, 121, 131, 179, 194

vermerken inclure 207
vermitteln intervenir 58
Vermutung conjecture (f.) **65, 182,** 187; présomption (f.) **82;** supposition (f.) 112, 193
verneinen répondre que non 20
Vernunft: zur ~ bringen faire entendre raison **48**
Verordnung décret (m.) 204
verpflichtet obligé/e 53
Versammlung réunion (f.) 13, **198,** 201, 207; assemblée (f.) 13
versäumen manquer 87; perdre 87
verschieben remettre 198, 202
verschieden différent/e 65; divers/e 40, 102; multiple 78; plusieurs 97
verschlechtern: sich ~ s'aggraver 54; se détériorer 76
verschleiern cacher 43; camoufler **45;** occulter **45**
verschweigen taire **45**
Verschweigung réticence (f.) **130**
Verschwendung gaspillage (m.) 136
Verschwendungssucht prodigalité (f.) **159**
verschwommen flou/e 61
Versehen inadvertance (f.) **96**
versichern assurer 190
versinken sombrer 170
versöhnlich conciliant/e 161
verspäten: sich ~ tarder 152
Verspätung retard (m.) 153
Versprechen promesse (f.) 145
verspüren éprouver 167, 168; être plongé dans 168
Verständnis compréhension (f.) 146; **~ haben** comprendre 183
verständnisvoll compréhensif/ve 161
verstehen comprendre 42, 45, 78, 118
Verstellung hypocrisie (f.) **158, 194**
Verstellungskunst dissimulation (f.) **194**
verstimmen contrarier **146**
verstimmt: ~ sein être contrarié 147
Versuch expérience (f.) 108, 110; tentative (f.) 137, 110
versuchen essayer 43, 55, 58, 121, 194; tâcher 43; tenter 55, 57, 89, 178
vertagen ajourner 198
verteidigen défendre 36, **51,** 57, 62, 66, 116, 124, 126; soutenir 66, 113, 116
Verteidigung défense (f.) **126**
vertiefen approfondir 68
vertrauen avoir confiance 130
Vertrauen confiance (f.) 46; **~ haben** avoir confiance **143;** faire confiance **143;** croire 163; **~ schenken** se confier **143**
vertrauenswürdig: nicht ~ qui n'inspire pas confiance 145
vertraulich: ~e Unterredung tête à tête (m.) **71**
vertretbar admissible 189
vertreten défendre 36; représenter 202; soutenir 51, 66

Vorwand échappatoire (f.) **102;** prétexte (m.) **101, 102; etwas als ~ benutzen** se servir de qc comme prétexte 103; **zum ~ nehmen** prendre comme prétexte 103
vorwegnehmen anticiper 202; prévenir 120; prévoir 119
vorwerfen reprocher **55,** 133
Vorwurf reproche (f.) 126, **133, 135, 182,** 193; grief (m.) **133**
vorziehen faire passer 160

W
wachsen augmenter 54
wagen se risquer 43
Wahl élection (f.) **204,** 205, 206; vote (m.) **204,** 206
wählen élire 205, 206; donner sa voix 206
Wahlergebnis résultat (m.) d'un vote 207; résultats (m.p.) des élections **206**
Wahlgang scrutin (m.) **204,** 206
Wahlstimme suffrage (m.) **204**
wahr exact 177; véritable 45; **für ~ halten** donner crédit 142
wahren défendre 126
Wahrheit vérité (f.) 43
wahrlich en effet 187
wahrnehmen profiter de 88; saisir 87
wahrscheinlich vraisemblable 65; probable 81
Wahrscheinlichkeit probabilité (f.) **80, 82, 182;** vraisemblance (f.) **80, 82**
Wahrscheinlichkeitsgrad degré (m.) de probabilité **187**
Wahrung: sauvegarde (f.) **126**
warnen mettre en garde **52;** prévenir **52,** 98
Warnung avertissement (m.) 47, **98;** mise (f.) en garde **29**
warten attendre 18, 79, 87; **noch auf... ~** être dans l'attente de 20
wecken: Verantwortungsgefühle ~ responsabiliser **150**
Wechsel changement (m.) 113
wechseln changer 60
Weg chemin m. 109; **aus dem ~ räumen** supprimer 121; **im ~e stehen** gêner 83
wehrlos: ~ ausgesetzt sein être en proie 168
weigern: sich ~ refuser 139, **143**
Weise manière (f.) 97; **in keiner ~** en aucune façon 142
weitgehend complètement 106
wenden: sich ~ tourner 89
Wendung tournure (f.) 98
Wert qualité (f.) 118; valeur (f.) 118
wert: ~ sein être digne 181
Wesen caractère (m.) **154**
wesentlich essentiel/le 31, 39, 188; essentiellement 160; principal/e 99, 100

wettbewerbsfähig: ~ sein être compétitif/ve 94
wichtig important/e 14, 15, 32, 36, 88, 91, 101, 102, 198, 199; principal/e 31; **äußerst ~** de la plus grande importance 29, 53; **sehr ~** capital/e 119
Wichtigkeit importance (f.) 23, 27, 28, 102, **128, 202**
widerfahren être l'objet de 134
widerlegen réfuter 66, 113, 115, 116, 118, 120, 121, 139, **141;** contester 118; démentir **141**
Widerlegung réfutation (f.) 119, 120
Widerrede contestation (f.) 118
Widersacher opposant (f.) 52
widersetzen: sich ~ s'opposer 25, 57, 118, 139, **140, 143;** faire face à 84
Widersinn contresens (m.) **194**
widerspiegeln refléter 123
widersprechen contredire 139, 195; être en contradiction 195; **sich ~** s'opposer 189
Widerspruch contradiction (f.) **194,** 195; **ohne ~** sans protester 142
Widerstand opposition (f.) **138;** résistance (f.) 57; **~ leisten** faire face 143; résister **54, 140, 143**
Widerwille répugnance (f.) **134**
widerwillig de mauvaise gré 142; en maugréant 142
widmen: sich ~ s'occuper 60
widrig: ~er Umstand contretemps (m.) **90**
wiederaufnehmen renouer 73
wiedergeben: wörtlich ~ citer 28
wiederholen récapituler **31**
Wiederholung récapitulation (f.) 32
wiederwählen réélire 206
Wille volonté (f.) 58, 131
Willkür arbitraire (m.) 143, **191**
willkürlich arbitraire 192
Winkel angle (m.) **187**
wirken faire de l'effet 106
wirklich réel/le 159; véritable 159; réellement 81
Wirklichkeit réalité (f.) 12, 138; **~ werden** devenir réalité 54, 82, 83, 182
wirksam efficace 49
Wirksamkeit efficacité (f.) 23, **108**
Wirkung effet (m.) **103, 106;** conséquence (f.) **99;** efficacité (f.) 184
wirtschaftlich économique 23, 28, 64, 67, 69, 85, 92, 93, 108, 113, 181
Wissen connaissances (f.p.) **180**
wissen savoir 36, 128, 174, 185; **nicht ~** ignorer 101, 159, 185; **sehr wohl ~** ne pas ignorer 41
wissenschaftlich scientifique 22, 69, 188
wissentlich sciemment 43; volontairement 43
wohlbegründet bien fondé/e 29
Wohlwollen bienveillance (f.) 56, **123**
Wort mot (m.) 20, 31, 33, 97, 159; parole (f.) 134, 145, 203
wörtlich: ~ wiedergeben citer 28
wundern étonner 130; surprendre 130

Wunsch désir (m.) 12, **42,** 81, 146; souhait (m.) 12, 82, 146, 147
wünschen désirer 43
würdigen respecter 178, 181

Z
zahlreich nombreux 25, 39, 64, 78, 187
Zählung dépouillement (m.) 206
zähneknirschend en rechignant 142
zanken: sich ~ se disputer 23
Zeichen: ~ der Ehrerbietung marque (f.) de respect 125
Zeichnung dessin (m.) **30**
zeigen faire preuve de 132;157, 161; faire voir 49; indiquer 179; manifester **44,** 136; montrer **10,** 12, 27, 30, 44, 63, 78; révéler 94, 123; témoigner 148; **sich ~** se montrer 132, 156, 157, 162, 178, 192; **sich erkenntlich ~** exprimer sa gratitude 152
zermürben tourmenter 170
zerstreuen: Verdacht ~ dissiper les soupçons 145
Zerstreutheit distraction (f.) 99
ziehen tirer 103, 105, 121; **in Betracht ~** considérer 188; prendre en compte 185; **in Zweifel ~** douter 109; mettre en doute 131, 184; **ins Lächerliche ~** souligner le côté ridicule 55; ridiculiser 133; tourner en ridicule 133; **Nutzen ~** tirer parti 77, 79; **zu Rate ~** consulter 73
Ziel but (m.) 12, 46, 50, 65; fin (f.) **42**; objectif (m.) **42,** 45, 108, 110, 165; **als ~ haben** avoir pour but 43
zielen viser 46
zieren: sich ~ faire des manières 155
Zitat citation (f.) **28**
zitieren citer 114, citer 118
zögern hésiter 141; **ohne ~** sans hésitation (f.) 158
Zufall coïncidence (f.) **89**; hasard (m.) **89, 94; durch einen glücklichen ~** par chance 89; **durch ~** par hasard 89; **glücklicher ~** aubaine (f.) **86; so ein ~** quelle coïncidence! 89
zufällig: wie ~ comme par hasard 89
zufrieden satisfait/e 166; satisfait 166
Zufriedenheit satisfaction (f.) **166**
zufrieden: ~ stellen persuader 112
zufrieden: ~ stellend satisfaisant/e 193
zugeben admettre 118, 177; avouer **44,** 97, 150; reconnaître 150
zugestehen octroyer 88
zu Grunde: ~ legen établir 115

Zuhörer assistance (f.) 46; auditeur (m.) 138; auditoire (m.) 152, 194
zulassen tolérer 161
zunehmen augmenter 85, 144
Zuneigung affection (f.) 56, **123**
Zurechtweisung semonce (f.) 47
zurückhaltend réservé/e 131
Zurückhaltung discrétion (f.) 147; réserve (f.) **130**
zurückstellen différer 202
zurückweisen attaquer 120; rejeter 115; repousser **141**
zurückziehen retirer 205
Zusage engagement (m.) 139
zusammenfassen résumer 31; compiler 31; récapituler **31;** synthétiser **31; in knapper Form ~** condenser **31**
zusammenfassend en guise de résumé 33; pour conclure 174; en résumé 174
Zusammenfassung résumé (m.) 32, **174**
Zusammenhanglosigkeit incohérence (f.) **194**
Zusammenschluss union (f.) **127**
zusätzlich supplémentaire 22
zuschauen: untätig ~ se croiser les bras 47
zuschreiben attribuer 16
Zustand état (m.) 77
zustimmen accepter 25, 190; acquiescer 176; adhérer 57, 62, 127, 176, 191; admettre 67; approuver 62, 118, 190; donner son assentiment 127; souscrire 191
Zustimmung acceptation (f.) **175**; accord (m.) **127, 175;** acquiescement (m.) **175;** adhésion (f.) 40, **124, 175;** assentiment (m.) **175;** consentement (m.) **127, 161, 201; ~ äußern** se déclarer en faveur 124; **eingeschränkte ~** accord restreint **186**
zutiefst infiniment 152; vivement 20
zutreffend pertinent/e 183
zuvorkommen devancer 65
zuvorkommend prévenant/e 156
Zuwachs augmentation (f.) **91**
Zwang: unter ~ à contrecœur 142
zweideutig ambigu/ë 20, ambigu/ë 97; équivoque 19
Zweifel doute (m.) 22, 52, **184; der geringste ~** le moindre doute 18; la moindre hésitation 18; **in ~ ziehen** douter 109; mettre en doute 131, 184; **kein ~ bestehen** ne pas avoir l'ombre d'un doute 172
zweifelhaft douteux/ses 42
zweifeln douter 130, **144,** 184
zweifellos indubitable 177; indubitablement 187
Zwietracht dissension (f.) **136**
zwingen obliger 101
Zwischenfall incident (m.) 53